LE DOCTEUR FAUST

La littérature anglaise
dans la même collection

CHRISTOPHER MARLOWE

LE DOCTEUR FAUST

Présentation, notes et chronologie
par
François Laroque

Traduction
par
François Laroque *et* Jean-Pierre Villquin

Ouvrage traduit avec le concours
du Centre national du Livre

GF Flammarion

PRÉSENTATION

Marlowe est un écrivain resté aussi mystérieux que sulfureux, une sorte de héros noir des lettres anglaises que la modernité a installé sur un piédestal à l'instar du savant de son chef-d'œuvre dramatique, *Le Docteur Faust*, pièce qui inaugure, comme plus tard le *Don Juan* de Tirso de Molina, l'un des grands mythes de l'ère moderne.

Contrairement à Shakespeare, dont il allait être le maître autant que le rival au théâtre, Marlowe, pourtant né la même année que lui, à deux mois jour pour jour, le 26 février 1564, allait connaître une carrière météorique à la trajectoire aussi brève que fulgurante.

Entre la date de sa première œuvre pour le théâtre, *Didon reine de Carthage*, écrite en 1586 et le *Docteur Faust* qui fut probablement sa dernière pièce, donnée en 1593, même si certains critiques essaient de la situer en 1589, sept années seulement s'écoulent. Au cours de ce bref laps de temps, Marlowe aura écrit sept pièces (si l'on compte les deux parties de *Tamerlan* comme deux pièces distinctes) qui allaient créer la stupeur sur la scène des théâtres publics de Londres.

Les principales caractéristiques de cette œuvre dramatique, née dans la fièvre et dans la hâte et souvent en réponse à la demande d'un public avide de sang autant que de sensations, sont l'audace, l'énergie et des héros pleins d'appétit et d'ambition quand ils ne sont pas des adeptes du cynisme et du mensonge. C'est un monde constamment en mouvement, où aucun de ses personnages principaux ne connaît ni repos ni répit, qu'il s'agisse des conquêtes du berger

scythe, Tamerlan, qui met des rois en cage pour les atteler ensuite à son char, de la soif de richesses et de vengeance du juif Barabas ou encore des provocations du roi Édouard II qui s'affiche avec son mignon Gaveston face à son épouse et aux pairs du royaume, moins écœurés par l'ostentation du vice que par le spectacle de l'ascension insolente d'un simple parvenu.

C'est que les héros de Marlowe sont rarement des « enfants de chœur » mais bien plutôt, comme l'auteur lui-même, des rebelles qui affirment sans ambages leur singularité ou leur différence face à un monde de calculs hypocrites et de conventions de façade qui dissimulent l'intérêt et les privilèges. Ils sont ce qu'on appelle en anglais des *overreachers*, c'est-à-dire des ambitieux sans bornes qui n'hésitent pas à transgresser les limites de la condition ordinaire de l'homme, et qui finissent par payer très cher le prix de leur insolence et de leur audace. Tous sont en effet « châtiés » par une mort atroce, tel Édouard II qui finit littéralement embroché sur une pique chauffée au fer rouge, ou avalés par la Gueule d'Enfer au milieu des diables hurlants, comme Faust retrouvé démembré au matin par ses disciples, tout cela à l'image de leurs prototypes mythologiques, Phaéton, Icare ou Prométhée...

La Tragédie du Docteur Faust est une œuvre à part, en ce sens que son héros est un intellectuel doublé d'un homme d'action, mais aussi en vertu de sa complexité et de l'ambiguïté de son message. Faust, le savant orgueilleux, se voit puni par un Dieu vengeur pour sa révolte et ses blasphèmes, au terme d'un parcours dont il ne sort pas grandi. La pièce mesure au contraire toute la distance qui sépare ses ambitions de départ de sa solitude finale où il cède au désespoir après vingt-quatre années de dissipation et de plaisirs qui se révéleront être pure illusion.

Mais ce qui frappe d'emblée ce sont certaines similitudes troublantes entre le destin de l'auteur, intellectuel qui passa plus de six années à l'université de Cambridge et homme d'action réputé avoir rendu des

services « spéciaux » à la couronne, tout en connaissant un succès fracassant au théâtre. Toute cette énergie, cet activisme tourbillonnant suscitaient envie et interrogations chez certains de ses contemporains qui, à la suite de Robert Greene, dramaturge, polygraphe et mauvaise langue notoire, pouvaient être tentés de lui faire un « procès en sorcellerie » en se fondant sur ses déclarations à l'emporte-pièce sur Jésus-Christ et certains de ses apôtres...

Marlowe était en effet volontiers disert, ne mâchant guère ses mots en matière de religion, puisqu'il faisait ouvertement profession d'athéisme [1] à une époque où ce simple aveu pouvait vous faire jeter en prison. Il fut d'ailleurs dénoncé aux autorités par un informateur, le sinistre Richard Baines, mais aussi par des confrères et amis comme le dramaturge Thomas Kyd, auteur à succès de la *Tragédie espagnole* et sans doute aussi d'un *Hamlet* dont Shakespeare s'inspira pour sa tragédie du même nom. Kyd et Marlowe avaient en effet partagé quelque temps un appartement pour y travailler et, lorsque des papiers compromettants mettant en question le dogme de la divine Trinité furent trouvés chez celui-là, il avait été arrêté et soumis à la question. Il n'est pas improbable qu'il ait parlé sous la torture et dénoncé alors son ami. Marlowe n'avait-il pas coutume de proclamer que « le Christ était un bâtard né d'une mère malhonnête », que « saint Jean l'Évangéliste partageait sa couche [...] comme les pécheurs de Sodome » ou encore que « tous ceux qui n'aiment pas les garçons et le tabac sont des imbéciles [2] »... Ces propos sont, certes, à prendre avec précaution car ils ont été rapportés par des informateurs ou obtenus sous la torture et il faut, en outre, y voir une part de provocation, technique dont Marlowe avait une certaine expérience en tant qu'agent secret chargé d'infiltrer les

---

1. Selon l'*Oxford English Dictionary*, le terme date précisément de 1587.
2. Cité par Michael Keefer, *Christopher Marlowe's Doctor Faustus. A 1604 Version Edition*, Peterborough (Canada), Broadview Press, 1991, Introduction, p. XXXII.

milieux des séminaires de Reims et de Douai où
nombre de catholiques anglais s'étaient réfugiés sous
le règne d'Élisabeth Ire.

Marlowe était en outre connu pour fréquenter un
petit cercle de gens avancés, des esprits libres comme
le poète Thomas Watson, le dramaturge Thomas Kyd
ou le mathématicien Thomas Harriot, ainsi que des
personnalités comme Sir Walter Raleigh, qu'il aurait
essayé de « convertir » à l'athéisme, ou encore le comte
de Northumberland. Tous avaient des opinions consi-
dérées en haut lieu comme suspectes ou, en tout cas,
hétérodoxes et ils auraient avec quelques autres, dont
le poète et dramaturge George Chapman, constitué la
fameuse « École de la nuit », à laquelle Shakespeare
fait allusion dans *Peines d'amour perdues*[1]... Son
confrère Robert Greene, lui aussi diplômé de l'université, qu'il avait fréquentée comme la plupart des dramaturges de cette époque (à l'exception notable de
Shakespeare qu'il traitera plus tard de « corbeau parvenu »), brocardera d'ailleurs Marlowe, « esprit fort »
et réputé disciple du diable de Florence, l'infâme
Nicolas Machiavel :

> Est-ce la doctrine pestilentielle de Machiavel que tu as
> étudiée ? Quelle noire folie ! [...] L'inventeur de cet
> athéisme diabolique est mort et sa vie n'a jamais eu la
> félicité voulue : mais ayant commencé par la ruse, il

---

1. À la scène 3 de l'acte IV, Ferdinand, roi de Navarre, au cours
d'un échange ironique avec Biron, corrige ce dernier qui vient de
déclarer, à propos de Rosaline, que « Aucun visage n'est beau s'il
n'est pas aussi noir » :
  Ô paradoxe ! Le noir est le blason de l'enfer,
  La couleur des cachots, l'école de la nuit. (250-252)
C'est un Jésuite, Robert Parsons, qui, en 1592, avait appelé
« l'école d'athéisme de Sir Walter Raleigh » un groupe d'hommes
férus de mathématiques, d'astronomie, de poésie et de spéculations
sans doute peu orthodoxes, qui comprenait Raleigh, Chapman, le
comte de Derby, le comte de Northumberland, Sir George Carey,
Matthew Roydon, Thomas Harriot et sans doute aussi Christopher
Marlowe. Voir à ce sujet l'introduction de G. R. Hibbard à l'édition
de la pièce dans la collection The World's Classics, Oxford University Press, 1974, p. 55-57.

vécut dans la peur et finit dans le désespoir [...] et tu voudrais être son disciple[1] ?

La mort brutale de Marlowe dans une taverne proche de Londres à Deptford, le 30 mai 1593, au terme d'une journée passée en compagnie d'hommes peu recommandables, Robert Poley, Nicholas Skeres et Ingram Frizer, est sans doute due à un règlement de comptes entre espions. Pour Jean Jacquot, « l'hypothèse d'une liquidation est soutenue par la réputation des trois personnages qui l'accompagnaient[2] ». Il faut ajouter à cela que Marlowe avait été convoqué dix jours plus tôt devant la Chambre étoilée du royaume pour répondre aux accusations que Kyd avait lancées contre lui et que, apparemment satisfait par ses réponses, le Conseil n'avait pas jugé bon de le faire emprisonner. Il est possible, en effet, qu'à une action officielle un peu trop voyante face à quelqu'un d'aussi célèbre que Marlowe, on ait préféré recourir à un assassinat crapuleux, mais secret, pour se débarrasser d'un ancien agent devenu encombrant. Faute de documents et de preuves, on en est réduit à de simples conjectures, mais cette idée d'une élimination décidée en haut lieu paraît plus plausible que la version officielle de l'accident survenu à la suite d'une dispute, au soir d'une journée de beuverie dans la taverne de la veuve Éléonore Bull.

Quoi qu'il en soit, cette mort prématurée allait encore accréditer la réputation sulfureuse de l'auteur du *Docteur Faust*, la légende moralisante assimilant la fin misérable de Marlowe à l'horrible damnation du savant de Wittenberg. Cette coïncidence troublante, reprise et orchestrée ensuite par les Puritains, les auteurs de sermons et les adversaires du théâtre, allait

1. *A Groatsworth of Wit bought with a Million of Repentance* [« Deux sous d'esprit payés par un million de repentir »] (1592), cité par Michael Keefer, Introduction, p. XXV.
2. « Marlowe : De quelques problèmes d'interprétation » *in* Marie-Thérèse Jones-Davies éd., *Théâtre et idéologies : Marlowe, Shakespeare* (Actes du congrès de la Société française Shakespeare, 1981), Paris, Jean Touzot, 1982, p. 205.

nourrir en partie le succès sans précédent de l'œuvre au théâtre, grossissant sa légende au long de cette dernière décennie du XVIᵉ siècle et au cours des deux suivantes.

La pièce, bâtie sur une légende, allait elle-même devenir légendaire avec toute une série d'anecdotes et d'histoires accompagnant sa représentation :

> [En 1620, on pouvait aller au théâtre de la Fortune, dans Golding Lane] pour voir la tragédie du Docteur Faust. Là en effet on avait le spectacle de diables échevelés courant sur la scène avec des pétards à la bouche cependant que des tambours faisaient un bruit de tonnerre en coulisses et que des supplétifs à dix sous faisaient des éclairs artificiels sous le plafond de la scène[1].

On trouve également l'histoire rapportée par le puritain William Prynne dans son long traité contre le théâtre, *Histrio-Mastix or the Players' Scourge* [*Histrio-Mastix, le fléau des acteurs*] (1633), évoquant « l'apparition du Diable sur la scène du théâtre de Belsavage du temps de la reine Élisabeth (à la grande surprise des acteurs et des spectateurs) tandis qu'on jouait l'histoire impie du Dr Faust[2]... » Le mémorialiste John Aubrey raconte encore que, lors d'une représentation de la pièce en province, au moment où Faust se livrait à l'une de ses invocations du diable, les acteurs s'étaient murmuré à l'oreille « qu'il y avait un diable de trop parmi eux[3] »! Tous ces pseudo-témoignages *de visu*, rapportés de sources aussi indirectes qu'invérifiables, ont ainsi peu à peu donné au *Docteur Faust* la réputation d'une œuvre « maudite » qui, tout en enflammant l'imagination des spectateurs, faisait courir des frissons dans un public qui pouvait se demander si la damnation n'était pas contagieuse...

---

1. John Melton, *Astrologaster* (1620), p. 31.
2. Cité par Michael Hattaway, *Elizabethan Popular Theatre. Plays in Performance*, Londres, Routledge & Kegan Paul, 1982, p. 166.
3. *Ibid.*

La vie et la légende du Docteur Faust

Le Faust historique vécut de 1466 à 1539, ce qui fait de lui l'exact contemporain d'Érasme, dont il constitue, en quelque sorte, le négatif ou l'image inversée, l'un se vouant à la cause de l'humanisme, l'autre la dévoyant pour s'adonner à la magie noire. Un certain Georg Faustus, natif du village allemand d'Helmstadt, s'inscrit en effet en 1483 à l'université d'Heidelberg, où il obtient quatre ans plus tard sa Maîtrise. Devenu médecin, astrologue et philosophe, colportant son enseignement de ville en ville, il s'attire les foudres de divers humanistes tout en bénéficiant du soutien de gens haut placés comme l'évêque de Bamberg et la famille von Hutten, fréquentant nombre d'amis influents à Erfurt et à Wurzbourg. Jean Tristhemus, lui-même ancien étudiant de Heidelberg devenu prélat et aussi un peu magicien, fait allusion aux activités d'un certain « *Magister Georgius sabellicus faustus junior, fons necromanticum, astrologus, magus secundus*[1]... » En 1513, un autre humaniste, Conrad Martianus Rufus, signale l'arrivée à Erfurt d'un chiromancien, c'est-à-dire d'un magicien spécialisé dans la lecture des lignes de la main, un certain « Georgius Faustus », en qui il voit « un simple vantard, un imbécile qui déblatérait dans une auberge et ne convainquait que des ignorants ». En 1517, le même individu est expulsé d'Ingolstadt, où il est qualifié de « blasphémateur et de pédant » et, en 1532, les autorités de Nuremberg refuseront un sauf-conduit au « Dr Faustus, le grand sodomite et nécromant ». Faust aurait, à plusieurs reprises, fait l'objet d'accusations d'homosexualité sans doute à la suite de plaintes émanant de ses étudiants. Comportement déviant et vie itinérante, voici deux traits que l'on retrouvera dans la tragédie de Marlowe et qui n'étaient pas pour

1. Littéralement « Georgus Faustus Sabellicus le jeune, chef de nécromanciens [adeptes de la magie noire], astrologue et magicien de deuxième catégorie... »

déplaire au rebelle qu'il avait choisi d'être. Pour Harry
Levin, « le personnage se situe au croisement de l'histoire et du folklore et le fait que *faustus* signifie le
chanceux ou le bienheureux en latin n'était certainement pas passé inaperçu à l'époque[1]... »

Les sources du Docteur Faust

1. Le *Faustbook*

*L'Histoire de la vie condamnable et de la mort méritée
du Docteur Faust,* plus connue sous le titre de *Faustbook,* ou version anglaise de *Faust,* paraît probablement en Angleterre dès 1588 mais la seule édition
existante, publiée par Thomas Orwin, date de 1592.
Elle est l'œuvre d'un certain P. F., dont l'identité
demeure incertaine, et elle constitue la première traduction en langue étrangère de la version allemande
du *Faustbuch* de 1587.

Le texte arrivait à point nommé en Angleterre après
le triomphe de la flotte anglaise sur l'Armada espagnole de Philippe II, en 1588, et qui signait la victoire
de l'île protestante sur les forces de la réaction catholique. C'était aussi une période d'intense bouillonne-
ment culturel et intellectuel, où les théâtres, comme
les cercles littéraires, connaissaient une activité fébrile
sous l'impulsion des *University Wits.* On désignait par
ce terme la génération d'intellectuels et d'écrivains
formés dans les Universités, c'est-à-dire à Oxford ou à
Cambridge, et qui avaient choisi de vivre de leur
plume à une époque où les droits d'auteur n'existaient
pas. Outre Marlowe lui-même, ces beaux esprits
regroupaient l'essentiel des grands dramaturges des
années 1580, à savoir John Lyly, Thomas Kyd,
George Peele, et Robert Greene. Sitôt la version
anglaise de l'histoire et de la légende de Faust publiée,
Marlowe, qui n'était pas homme à laisser passer un

---

1. Harry Levin, *The Overreacher. A Study of Christopher Marlowe,* Londres, Faber & Faber, 1952, p. 130.

texte aussi fort et aussi frappant, semble s'en être immédiatement emparé pour la porter sur la scène du théâtre de la Rose, où elle connut un succès foudroyant qui ne devait jamais se démentir par la suite.

Le *Faustbook* est tout à fait représentatif d'une traduction, tel que le genre était entendu à la Renaissance, c'est-à-dire un texte très librement adapté de l'original avec des coupures et des ajouts assez nombreux et significatifs mais également partiellement récrit. La version anglaise combine en effet la facture épisodique de l'original, à la fois roman en prose et recueil d'anecdotes et de facéties (« *jest-book* ») avec une intrigue intellectuelle, au sein d'un ensemble qui mêle le goût populaire à une atmosphère d'inquiétude. Il accorde une large place à l'homme de la Renaissance et à son insatiable curiosité pour toutes les choses du ciel et de la terre ainsi qu'à sa passion des voyages et de la découverte. Mais ce récit se veut avant tout un avertissement au lecteur, dans la mesure où l'histoire de Faust est présentée comme un contre-exemple lamentable qui, à l'époque, devait passer pour véridique. C'était en effet déjà le cas de la version allemande publiée par le luthérien Johann Spies qui écrivait dans la préface de la première édition (1587) :

> Je me suis toujours étonné que, jusqu'ici, personne n'ait pensé à mettre de l'ordre dans cette terrible histoire ni à la publier en tant qu'avertissement pour toute la chrétienté...

Le contexte germanique est marqué à la fois par une résurgence des procès de sorcellerie et par la présence en Allemagne, en 1586, des savants occultistes qu'étaient John Dee et Giordano Bruno : ils contribuèrent tous deux à répandre les idées de l'hermétisme dans les universités comme celle de Wittenberg, justement, où les conférences de Bruno (le nom que Marlowe donne à l'anti-pape, dans les scènes comiques situées dans les États pontificaux) semblent avoir fait merveille auprès des luthériens. L'histoire du véritable docteur Faust y était connue alors qu'elle

arrivait en Angleterre comme une effrayante nouveauté.

Ainsi que l'écrit encore Harry Levin, le *Faustbook* apparaissait comme « à la fois une mise en garde et un livre des merveilles, un recueil de bouffonneries et une trinité théologique[1] ». Il comporte en effet trois grandes sections, la signature par Faust de son pacte avec le diable, le récit de ses voyages (que la version anglaise développe par rapport à l'original) et de ses exploits de magicien, et enfin la transcription pathétique de ses derniers moments marqués par le désespoir et l'horreur de sa damnation.

Le texte en prose, découpé en un ensemble de soixante-trois courtes séquences allant d'une demipage à quatre ou cinq pages au plus, a une facture nettement épisodique qui se retrouve partiellement dans le texte marlovien (essentiellement dans les actes centraux). Il comporte évidemment un plus grand nombre d'épisodes illustrant la vie aventureuse du docteur Faust (par exemple la façon dont Faust traite ses douze étudiants, la venue à la Cour de l'évêque de Salzbourg ou encore sa manière de passer le Carnaval et le Carême, etc.). On trouve aussi des scènes plus graves comme, au chapitre 23, la vision du paradis, lieu géographique entrevu au cours de l'un de ses voyages, et dont la contrepartie est, aux chapitres 19 et 20, la révélation aussi horrifiante que détaillée des diables et de l'enfer, révélation que Méphistophélès refusera précisément à Faust dans l'œuvre de Marlowe.

2. *Les autres sources*
a) Domaines biblique et classique

Le drame de Faust trouve d'innombrables correspondances dans les grands récits archétypaux où la désobéissance à Dieu ou le défi lancé aux dieux se voient inexorablement suivis du châtiment et de la chute du héros. La première désobéissance est celle

---

1. *The Overreacher*, p. 131.

d'Adam et Ève dans le livre de la Genèse et elle leur apporte la connaissance du bien et du mal tout en leur fermant les portes du paradis. On trouve aussi dans les mythes de Prométhée, d'Icare ou de Phaéton ce même thème de l'affirmation d'un héros humain face à l'omnipotence divine, dont la conséquence est une punition aussi funeste qu'inévitable. Marlowe fait d'ailleurs directement allusion au mythe d'Icare et à l'histoire de la chute de l'ange de lumière, Lucifer, qui constitue sa contrepartie biblique et dont la rébellion préfigure celle de Faust. On voit, au passage, que cette histoire est au cœur même du syncrétisme de la Renaissance qui aimait opérer des rapprochements entre la mythologie païenne et les textes chrétiens[1].

Pour ce qui est du thème de la magie, les histoires de Circé et de Médée, les deux enchanteresses du monde de la mythologie classique, offrent un certain nombre de parallélismes avec celle de Faust. La transformation de l'homme en bête était en effet l'une des facettes inquiétantes du pouvoir légendaire de Circé, dont Faust s'inspire directement pour affubler ses victimes d'une paire de cornes (voir les scènes avec Benvolio, à l'acte IV). Ces métamorphoses animales sont aussi des allusions au mythe d'Actéon, comme dans la tirade de Gaveston au début d'*Édouard II* :

> Parfois un beau garçon déguisé en Diane
> Dorant l'onde de ses cheveux ondulés,
> Des couronnes de perles ornant ses bras nus
> Et un rameau d'olivier dans ses mains folâtres
> Pour cacher les parties que les hommes aiment à voir,
> Se baignera dans une source, tandis qu'aux alentours
> Un autre, tel Actéon, aux aguets derrière un bosquet,
> Se verra transformé en cerf par la déesse en colère
> Fuyant les chiens qui aboient à sa suite et le terrassent,
> Et il semble alors rendre son dernier soupir. (I.1.60-69)

Ce thème de la métamorphose, que Marlowe

---

1. Voir Thomas McAlindon, « Classical Mythology and Christian Tradition in Marlowe's *Doctor Faustus* », *PMLA* (juin 1966), vol. LXXXI, n° 3, p. 214-233.

emprunte à Ovide, l'un de ses auteurs favoris, dont il avait traduit les *Élégies*, est une constante du monde de la magie à la Renaissance. Il est naturellement empreint de fortes connotations païennes mais il sert aussi à annoncer l'ironie cruelle de la fin, où Ovide est évoqué par un vers des *Amours* (« *O lente, lente currite noctis equi* », V.2.141). Faust en appelle à Pythagore et à la métempsycose, c'est-à-dire à la théorie qui voulait qu'on se réincarne après la mort en un avatar non humain, plante ou bête, pour tenter de conjurer l'horreur d'une damnation éternelle de son âme :

> Ah! Pythagore, si ta métempsycose était vraie,
> Cette âme s'échapperait et je serais changé
> En quelque bête fauve. Toutes les bêtes sont heureuses
> Car, à l'heure de leur mort,
> Leur âme est bientôt dissoute en éléments.
> La mienne ne doit vivre que les tortures de l'enfer. (V.2)

Pour ce qui est des précédents à caractère historique, Marlowe avait pu trouver un certain nombre d'équivalents de la situation de son héros dans la biographie de magiciens célèbres comme le philosophe médiéval Roger Bacon (1212-1292), dont le dramaturge Robert Greene s'inspira dans *Friar Bacon and Friar Bungay*, ou le cabaliste Cornelius Agrippa de Nettesheim (1486-1535), que Marlowe mentionne d'ailleurs au passage[1]. Plus proches encore, Giordano Bruno et John Dee, dont il a été question ci-dessus, qui contribuaient tous deux à diffuser le courant néoplatonicien et les doctrines hermétiques en Angleterre et en Allemagne au moment de la parution du *Faustbuch*, en 1587.

---

1. Faust ne déclare-t-il pas dans la première scène « Oui, je veux être l'égal d'Agrippa » (I.1.111), cependant que Valdès lui recommande d'emporter les œuvres des sages Bacon et Albanus [= Pietro d'Albano] pour aller s'initier à la magie dans un bois solitaire (fin de la scène 1) ?

b. Le Moyen Âge et la moralité

La critique relève souvent la parenté qu'offre *Le Docteur Faust* avec les structures de la Moralité médiévale[1]. La Moralité, qui connaît un vif succès au xvᵉ et au début du xviᵉ siècle, est d'abord une psychomachie, c'est-à-dire la représentation dramatisée du combat que se livrent les forces du bien et du mal au sein de l'âme humaine. Ce combat prend naturellement un tour allégorique et il oppose, comme dans *Faust* (II.1), le bon au mauvais ange qui se disputent l'âme du chrétien nommé Tout Homme. Il s'agit pour cette figure de pécheur ordinaire et moyen de se préparer à son dernier voyage, c'est-à-dire à la mort qui lui est annoncée au début de la pièce, et de trouver les compagnons qui accepteront de l'assister jusqu'à sa dernière heure. Tous se dérobent, ce n'étaient que les amis présents pendant les bons moments de l'existence, et seule Charité ou Bienfaisance accepteront de le suivre dans cet ultime parcours.

De même, dans *Le Docteur Faust*, l'action oscille entre le spectacle d'une dépravation comique (les faits et gestes du docteur Faust, la parade des Sept Péchés capitaux) et le message à composante homilétique (nécessité de la réforme et du repentir avant qu'il soit trop tard...). Quant à Méphistophélès, il incarne la figure traditionnelle du Vice, mélange de rouerie cocasse et de solennité sinistre. Pour ce qui est de Valdès et de Cornélius, ses deux initiateurs à la magie, ainsi que des disciples de Faust, ils jouent un peu le rôle d'équivalent des compagnons vers lesquels Tout Homme essaye de se tourner pour effectuer son ultime périple. Si ceux-là apparaissent comme des tentateurs, ceux-ci font un peu figure d'égoïstes ou de lâches qui l'abandonnent en chemin à son destin solitaire.

---

1. Comme le dit justement Jean Jacquot, « Derrière la pièce de Marlowe, il y a toute la tradition du théâtre médiéval avec son aspect doctrinal et la théâtralisation des dogmes [...] avec son emploi des structures de la psychomachie [...] avec enfin ses aspects grotesques formant la contrepartie du drame... », *Théâtre et idéologies : Marlowe, Shakespeare*, p. 125.

L'un des problèmes critiques que pose la pièce est justement de savoir si Marlowe reprend tels quels ces éléments traditionnels, allant dans le sens de la morale et du dogme chrétiens pour y fondre les éléments subversifs du drame d'un héros rebelle osant défier son Créateur, ou s'il ne s'en sert que pour mieux les détourner. De même, la damnation, bien réelle à la fin contrairement au *Faust* de Goethe où le magicien est sauvé *in extremis,* semble confirmer l'idée selon laquelle ce héros problématique serait moins une victime que l'artisan volontaire de sa propre chute et qu'il mériterait donc le châtiment éternel. Disons qu'il y a là une contradiction, comme il en existe beaucoup chez Shakespeare, où les lectures antithétiques se superposent à plaisir (voir, entre autres, *Le Marchand de Venise* ou *Hamlet*), contradiction qui ouvre la voie à des interprétations multiples. En cela Marlowe se distingue du schéma rigide de la Moralité, où les forces du bien et du mal sont toujours clairement identifiées et où il n'y a aucun doute sur la teneur du message final.

Pour Harry Levin, la forme générale du drame marlovien prendrait un tour de plus en plus traditionnel à mesure qu'il avance dans sa carrière et, avec *Faust*, Marlowe reviendrait à la Moralité, tandis que Bevington et Rasmussen, tout en notant les analogies de l'œuvre avec les Moralités calvinistes des années 1560-70, arrivent à la conclusion que Marlowe, en fait, inverse le schéma traditionnel de ces pièces[1].

c) Les domaines du drame populaire et du folklore

Les scènes comiques de la pièce rappellent un certain nombre d'éléments tirés du folklore anglais, comme les *Mummers' Plays* par exemple, ces saynètes traditionnelles jouées dans les campagnes à Noël et à

---

1. Harry Levin, *The Overreacher*, p. 154 (« ... cette tragédie est sous-tendue par les dogmes fondamentaux du christianisme »); Bevington et Rasmussen eds., *Doctor Faustus*, Manchester, The Revels Plays, 1993, affirment en effet, p. 10, que « Marlowe renverse la tradition homilétique de la vie de saint ».

Pâques, où il arrivait que les protagonistes revêtent des masques d'animaux et où il est beaucoup question de démembrement, de mort et de résurrection[1]. L'accent qui est mis sur les thèmes carnavalesques de la goinfrerie et du grand manger, autant que sur la mutilation ou la dissociation des parties du corps, rappelle en effet ces éléments de la tradition populaire anglaise qui restaient très familiers aux spectateurs du théâtre de la Rose et plus particulièrement au parterre. Ainsi voit-on à la quatrième scène de l'acte IV un personnage de maquignon tirer sur la jambe de Faust, la lui arracher et l'emporter avec lui pour se venger du mauvais tour que le magicien lui a joué avant de la jeter dans un fossé. Il y a aussi Benvolio et ses amis Martino et Frédéric qui, dans la scène qui précède, s'emparent de Faust pour lui couper la tête avant que celui-ci se relève et lance à leurs trousses la troupe de ses démons. Cette dernière séquence évoque assez précisément le scénario de la *Sword Dance Play* qui était pratiquée au moment des fêtes de Noël au nord-est de l'Angleterre. La victime était un *clown*, qui se voyait jugé et condamné à mort pour quelque peccadille, à la suite de quoi les danseurs de sabre, disposés en cercle, pointaient leur arme sur son cou avant de l'exécuter[2]. D'autres éléments dans la pièce, comme l'incident de la coupe volée par Robin au tavernier (III.3), évoquent les improvisations et les *lazzi* de la *Commedia dell'arte* avec ses scènes burlesques.

La critique s'étonne souvent de trouver ces scènes, jugées plutôt triviales ou d'un niveau assez faible, dans une tragédie de la damnation où les enjeux sont tout de même d'un autre ordre, et elle préfère généralement imputer la responsabilité de ces intermèdes bouffons à

1. Sur ces questions, voir mon livre *Shakespeare et la fête*, Paris, Presses Universitaires de France, 1988, p. 56-59.
2. Laroque, *Shakespeare et la fête*, p. 54-56; Thomas Pettitt, « Formulaic Dramaturgy in *Doctor Faustus* » in *A poet and a filthy play-maker : New Essays on Christopher Marlowe*, ed. K. Friedenreich, Roma Gill and C. B. Kuriyama, New York, AMS Press, 1988, p. 172-173.

des auteurs de seconde ou de troisième main, comme
Birde et Rowley, dont on sait que le propriétaire du
théâtre de la Rose, Philip Henslowe, leur avait effec-
tivement commandé des additions au *Docteur Faust.*
Mais, outre que ces passages sont dans la veine du
Faustbook et de ses incidents carnavalesques, dont ils
ne font que reprendre des épisodes, ils offrent des
moments de détente comique, tout d'abord à Faust
lui-même, que Méphistophélès s'est juré de divertir
(au sens pascalien du terme a-t-on envie d'ajouter), et
ensuite au spectateur, pour le soulager des instants de
plus grande tension où l'attention est sollicitée par de
longs monologues émaillés de latin et de formules
savantes. Après tout, on a déjà ici affaire à une
intrigue à niveaux multiples comme Shakespeare lui-
même en élaborera dans ses comédies ou dans ses tra-
gédies : *Hamlet, Othello* ou *Macbeth* comportent en
effet nombre d'incidents comiques comme les scènes
des fossoyeurs dans *Hamlet,* du clown dans *Othello* ou
du portier dans *Macbeth.* D'autre part, une telle alter-
nance de scènes tragiques ou sérieuses et de scènes
bouffonnes annonce la technique du Masque[1] et de
l'antimasque telle que Ben Jonson la définira lui-
même dans sa préface au *Masque des reines* (1609), où
il est, justement, beaucoup question de magie et de
sorcellerie :

> Sa Majesté [le roi Jacques Ier] m'a demandé de réflé-
> chir à quelque ballet ou spectacle qui puisse servir
> d'entrée en matière et jouer le rôle de repoussoir ou de
> faux Masque [...] J'ai donc imaginé que douze femmes
> habillées en harpies ou en sorcières pouvaient remplir
> cette fonction ; non pas au titre du Masque mais d'un
> spectacle d'étrangeté qui ne fût pas sans rapport avec
> l'argument et le dénouement de ce divertissement.

---

1. Rappelons que ce terme désignait à la Renaissance un spectacle de Cour, à teneur allégorique et généralement flatteur pour le
souverain qui en était le commanditaire. Composé d'éléments de
théâtre, de chant et de ballet, il préfigure l'opéra anglais tel qu'il se
développera dans la seconde moitié du XVIIe siècle. Voir à ce sujet
l'ouvrage de Marie-Thérèse Jones-Davies, *Inigo Jones, Ben Jonson et
le Masque*, Paris, Didier, 1967.

Il semble en effet que ce schéma du Masque et de l'antimasque convienne bien à l'analyse du *Docteur Faust,* dont elle révèle l'unité et la cohérence, tout en permettant d'en comprendre la complexité et l'hétérogénéité. On verra ainsi, à la suite de Roy Eriksen, une technique de préfiguration des moments tragiques à l'intérieur de ces scènes burlesques[1]. Par un jeu subtil de correspondances et de retournements, le chevalier Benvolio, le sceptique qui doute de la magie de Faust comme Faust doute du pouvoir de Dieu, devient une sorte de double grotesque du magicien de Wittenberg. Par ailleurs, ce travestissement burlesque du mythe d'Actéon annonce le propre démembrement de Faust, déchiré par les diables, ses serviteurs, comme le chasseur de Thèbes est aveuglément mis à mort par ses chiens qui étaient censés le servir.

Les deux textes du Docteur Faust

Entre la publication de l'original allemand, le *Faustbuch,* en 1587[2], et la première édition de sa traduction en anglais par P. F., qui, si elle est datée de 1592, n'est probablement pas la première puisque la page de titre fait allusion à une impression antérieure par la formule « *newly imprinted* », cinq années s'écoulent au cours desquelles Marlowe a pu prendre connaissance de cette stupéfiante histoire, où il a pu lire en filigrane une préfiguration de sa propre trajectoire. Deux

1. *The Forme of Faustus Fortunes : A Study of The Tragedie of Doctor Faustus (1616),* Solum Forlag, Oslo, 1987, p. 143 et « Masque Elements in *Doctor Faustus* and *The Tempest* : Form and Function in the Literary Masque », *in* François Laroque éd., *The Show Within : Dramatic and Other Insets. English Renaissance Drama (1550-1642),* 2 vol., Montpellier, Collection *Astræa* n° 4, 1992, I, p. 291-296. Voir aussi François Laroque, « En marge de l'idéologie : antimasque et grotesque dans *Doctor Faustus* et *La Tempête* » in *Théâtre et idéologies : Marlowe, Shakespeare,* p. 99-114.
2. Voir l'édition avec traduction, introduction et notes de Joël Lefebvre, *L'Histoire du Docteur Faust (1587),* Lyon, 1970.

hypothèses s'affrontent quant à la date de la première représentation du *Docteur Faust* (on ne parle pas de publication puisque la date du premier texte que nous ayons in-quarto date de 1604), une date précoce, 1589, que nous ne retiendrons pas ici, et une date tardive, 1593, qui fait suite à ce qui doit être la deuxième édition du *Faustbook,* et qui a notre préférence.

On sait qu'ensuite *Le Docteur Faust* fut donné à plusieurs reprises au théâtre de la Rose entre 1594 et 1597 et Shakespeare y fait allusion dans une comédie probablement écrite cette année-là, *Les Joyeuses Commères de Windsor.* Un personnage nommé Bardolph s'exclame en effet : « *Run away* [...] *like three German devils, three Doctor Faustasses* » (IV.5.62-65) (« Enfuis comme trois diables allemands, trois docteurs Faust » avec, de surcroît, un jeu de mots intraduisible, sur Faust et l'âne, *Faustus/ass,* qui annonce les métamorphoses comiques de Falstaff en cerf, puis en âne dans le dernier acte de cette comédie). Cinq ans plus tard, Philip Henslowe paya William Birde et Samuel Rowley, pour les suppléments qu'ils écrivirent au *Docteur Faust.* Et ce n'est qu'en 1604 que paraît en in-quarto *La Tragique Histoire du Docteur Faust* qui signale, en outre, sur la page de titre « *Ainsi qu'elle a été jouée par les serviteurs* [c'est-à-dire les acteurs] *du très honorable comte de Nottingham* [...] *Imprimé par V. S.* [Valentine Simmes] *pour Thomas Bushell. 1604* ». Il s'agit du texte aujourd'hui communément désigné sous l'appellation de texte A. L'éditeur Bushell vendit ses droits sur la pièce à John Wright, qui la republia en 1609 sous le titre de *La Tragique Histoire de la vie et de la mort épouvantables du Docteur Faust,* avec une nouvelle édition en 1611. En 1616, John Wright fait paraître un texte très différent, connu sous l'appellation de texte B.

Ce dernier est en effet beaucoup plus long que le premier puisqu'il compte très exactement six cent soixante-seize lignes de plus que le premier, même si le texte A comporte quelques passages (pour un total de trente-six lignes) que l'on ne trouve pas en B et qui

s'expliquent par la loi sur les parjures et blasphèmes qui interdisait qu'on emploie au théâtre le nom de Dieu sous quelque forme que ce fût. Des scènes entières sont ainsi exhumées dans le texte B : ainsi, le texte A ne contient aucune allusion à Bruno l'anti-pape, passe sous silence les tentatives de vengeance du chevalier Benvolio à l'égard de Faust et ne dit rien de la conspiration du Maquignon et de ses associés ni de leur humiliation à Anhalt. Or, nous avons vu plus haut que ces scènes comiques n'étaient pas sans rap-ports significatifs avec le reste de la pièce et l'argu-ment principal, dont elles donnent une version bur-lesque ou inversée. Il est donc probable que le texte B n'est pas une simple expansion du texte A, sous la plume de Birde et de Rowley, mais que le texte A est en réalité une version abrégée d'un texte antérieur qui a été perdu, comme cela arrivait à l'époque. En effet, pour des raisons de monopole, on ne conservait alors que très peu de copies du manuscrit de l'auteur en dehors des besoins de la représentation (indiquant les entrées et les sorties des personnages, les effets sonores et visuels, etc.).

Pour un critique comme Leah Marcus, ces deux textes correspondraient à des orientations idéolo-giques très différentes : le premier situe le magicien à *Wertenberg* et dans un contexte général de militan-tisme protestant (il est donc plus austère et censure un certain nombre d'effets burlesques), tandis que le second le rattache à *Wittenberg*, la ville de Luther, dans un milieu plus marqué par les cérémonies et plus conservateur sur le plan théologique[1].

Il paraît difficile d'adhérer à cette interprétation ingénieuse et rationnelle qui justifie *a posteriori* l'exis-tence de ces deux versions de l'œuvre de Marlowe à une époque où les spécialistes s'efforcent de désacrali-ser les textes dits « canoniques », c'est-à-dire clas-

---

1. « Textual Indeterminacy and Ideological Difference : The Case of *Doctor Faustus* », *Renaissance Drama*, New Series XX, Evanston, Northwestern University Press, 1989, p. 1-29.

siques. On a ainsi publié deux textes du *Roi Lear* et l'on donne désormais les deux textes du *Docteur Faust* en les publiant l'un à la suite de l'autre[1]. Malgré la tendance qui voudrait privilégier le texte A, réputé plus « pur » et plus authentique pour certains, comme le critique canadien Michael Keefer[2], nous avons préféré ici donner un texte aussi complet que possible qui donne, en outre, les variantes de A omises dans B (voir Note sur le texte, p. 39).

Faust l'humaniste

Le défi de Faust se situe en effet au départ dans le sillage de l'idéal humaniste de la Renaissance. *Le Discours sur la dignité de l'homme* de Pic de la Mirandole, écrit en 1486, constituait déjà un véritable manifeste pour ces aspirations :

> Un certain élan sacré devrait saisir l'âme, de sorte que, ne se satisfaisant point de l'indifférence ni de la médiocrité, nous puissions aspirer à ce qui est le plus élevé et ainsi [...] nous frayer un chemin vers le haut de toutes nos forces. Méprisons ce qui est terrestre, n'ayons pas peur du céleste, et puis, négligeant les choses de ce monde, prenons notre envol en direction de cette cour située au-delà du monde et proche du Très-Haut[3]...

Lorsque Faust déclare « Moi je pense que l'enfer n'est qu'une fable » (II.1.130) ou lorsque, dans cette même scène, le mauvais ange présente la prière comme des « illusions [...] et fruits de la folie », nous nous éloignons de cet idéal pour rejoindre l'esprit de provocation qui apparaît dans la note de l'informateur

---

1. C'est le cas de l'édition Bevington et Rasmussen reprise dans l'anthologie de World's Classics, Oxford, 1995, *Doctor Faustus and Other Plays*.
2. *Doctor Faustus. A 1604 Version*, Peterborough (Canada), Broadview Press, 1991.
3. Cité par Jonathan Dollimore, *Radical Tragedy. Religion, Ideology and Power in the Drama of Shakespeare and His Contemporaries*, Hemel Hempstead, Harvester Wheatsheaf, 1984, p. 112.

Baines ou les lettres de Thomas Kyd qui présentaient
Marlowe comme un blasphémateur et un athée.

Pour Irving Ribner, la pièce n'est pas « un miroir
des certitudes chrétiennes mais de la confusion intellectuelle de l'agnostique [1] ». Une telle absence de certi-
tude, de sens fixe et précis, peut amener à voir dans *Le
Docteur Faust* une sorte d'autobiographie spirituelle
d'une époque marquée par le doute. En tant
qu'homme de la Renaissance, Faust se trouve au cœur
d'un vaste conflit d'idées qui ne sont plus celles du
Moyen Âge et qui ne sont pas encore celles de la
modernité (représentées par des astronomes comme
Kepler et Copernic). Faust est aussi poète et le verbe
qui exprime son engouement pour la magie a la force
de la fascination sinon de la conviction :

> Valdès, mon doux Valdès, et toi Cornélius,
> Sachez que vos paroles m'ont enfin convaincu
> De pratiquer les sciences occultes et la magie [...]
> Odieuse et obscure est la philosophie,
> Le droit, la médecine sont bons pour les médiocres ;
> La théologie, des trois, est la plus détestable,
> Vile et ardue, méprisable et vulgaire.
> Car c'est la magie, oui la magie, qui m'a séduit. (I.1)

Faust apparaît comme un épicurien doublé d'un
aventurier mais aussi comme un savant las des sen-
tiers battus de la connaissance et avide de savoirs et
d'expériences d'un type nouveau. Ses questions touchant à l'astrologie laissent apparaître son scepticisme
face à la conception de la cosmologie aristotélicienne,
c'est-à-dire le système de Ptolémée, qui plaçait la terre
au centre de l'univers et faisait graviter autour d'elle
les sept sphères avec, au-dessus, la voûte céleste et
l'empyrée des étoiles fixes, sans pour autant faire allusion à la conception copernicienne qui avait été défen-
due par Giordano Bruno dans un de ses dialogues.

---

1. « Marlowe's "Tragicke Glass" », in *Essays on Shakespeare and
Elizabethan Drama in Honor of Hardin Craig*, ed. Richard Hosley,
Columbia, University of Missouri Press, 1962, p. 110.

Faust magicien et poète

Poursuite du savoir et désir de puissance sous-tendent le pari insensé de Faust. Sa volonté d'auto-nomie face à l'omnipotence divine le conduit à une attitude d'autodestruction perverse qui consiste à répéter le rôle du Christ en tant que victime sacrifi-cielle (voir le « *consummatum est* », dernières paroles du Christ sur la croix, que Faust reprend à son compte après la signature du pacte avec le diable, à la scène 1 de l'acte II). Il s'agit en effet à la fois d'un blasphème et de l'expression d'un profond désespoir qui n'est que l'envers de son arrogance. Attitude para-doxale où la négation des frontières de la connaissance et des limites de l'humanité ordinaire est elle-même subordonnée à une structure préalable qui condi-tionne sa rébellion, comme l'a bien vu Jonathan Dolli-more :

> Faust est constitué par les limites mêmes de la struc-ture qu'il transgresse [...] Tamerlan, avec son indomp-table volonté de puissance [...] approche, lui, du héros libre aspirant à une autonomie transcendante. Dans *Le Docteur Faust,* c'est à peu près l'inverse qui est vrai : la transgression ne procède pas d'un sens de l'autonomie qui vous libère [...] Il s'agit plus d'une transgression enracinée dans l'impasse du désespoir [1].

Mais Faust n'est pas seulement un savant. C'est aussi un artiste qui aime organiser des spectacles et des pantomimes, au cours desquels il fait revivre « les neiges d'antan ». Le clou de son art est l'apparition d'Hélène de Troie, que Marlowe emprunte au *Faust-book* où l'épisode fait l'objet de deux chapitres dis-tincts : le chapitre 45, où il la fait surgir devant ses étudiants à la fois médusés par ce « miracle » et enchantés par sa séduction, et le chapitre 55, où, au terme d'une nuit passée à ses côtés, il lui fait un enfant qui lui révélera une partie de son avenir avant de dis-paraître à jamais avec sa mère.

---

1. *Radical Tragedy*, p. 112.

Au lieu de la morale luthérienne de l'épisode du *Faustbook*, où les étudiants ne peuvent fermer l'œil de la nuit, tant ils pensent aux charmes de la belle Hélène, Marlowe écrit un hymne enflammé à la beauté physique, véritable chant païen à l'érotisme poignant :

> Ô, toi qui es plus belle que l'air du soir
> Parée de la beauté de mille et une étoiles,
> Toi qui as plus d'éclat que Jupiter en flammes,
> Quand il vint éblouir la pauvre Sémélé,
> Tu es plus belle que le monarque du ciel
> Dans les bras azurés de l'ardente Aréthuse,
> Et nulle autre que toi ne sera ma maîtresse. (V.2)

Le rêve du docteur Faust, comme de Marlowe lui-même semble-t-il, n'est-il pas, en effet, de redonner vie et couleurs à l'univers de la mythologie antique, celui d'Ovide surtout, qui avait tant frappé son imagination et qui incarnait une forme de libertinage heureux, non encore entaché des marques du péché ? C'est, en effet, le sens du péché que les Pères de l'Église allaient s'attacher à imposer par la suite à partir de la tradition homilétique, de la menace des foudres de l'Enfer et de l'élaboration générale de ce que l'historien (chrétien) Jean Delumeau a appelé une « religion de la peur[1] » ?

Pour Marlowe, homme de la Renaissance, comme pour le docteur Faust, la tentation était grande de faire revivre la poésie autant que les héros d'une mythologie qui glorifiait les sens, la vie et le plaisir sans le sentiment du péché face à une religion comme le luthéranisme ou, dans une moindre mesure, l'anglicanisme, qui accroissait d'autant plus le sentiment de culpabilité individuelle qu'elle avait en partie rejeté les rites et les cérémonies susceptibles de jouer un rôle salutaire d'exutoire ou d'exorcisme. En un sens, on peut dire que la magie est à Faust ce que la poésie est à Marlowe, un moyen d'évoquer, de ressusciter les mer-

---

1. *Le Péché et la peur. La culpabilisation en Occident, XIIIᵉ-XVIIIᵉ siècles*, Paris, Fayard, 1983.

veilles d'un passé glorifié et idéalisé par la distance et
la littérature. Ainsi, lorsque Faust déclare à la scène 3
de l'acte I, « Car je confonds l'Enfer avec l'Élysée », il
procède à une opération qui, en plaquant le dogme
chrétien sur la mythologie païenne, inverse celle des
néo-platoniciens qui cherchaient à voir dans la vie des
saints et dans les Écritures des correspondances avec
les exploits des héros de l'Antiquité. Il en arrive donc
par ce biais à gommer l'épouvante de l'Enfer chrétien
pour l'identifier à l'image, somme toute plus sereine,
des Champs-Élysées ou du monde souterrain de
l'Hadès mythologique. Et il confirme cette impression
quand il déclare à Méphistophélès, sans doute un peu
en guise de provocation, « Moi, je pense que l'Enfer
est une fable » (II.1), assimilant ainsi la « fable » chrétienne aux lieux et aux figures de la mythologie
païenne. Yves Peyré suggère que, dans la pièce, le
nom de Jupiter (*Jove*) est en réalité la contraction de
celui de Jehovah, dans la mesure où, semble-t-il, nous
avons ici affaire au Dieu vengeur de l'Ancien Testament plutôt qu'au Dieu d'amour du Nouveau[1]. Ainsi
en va-t-il de la merveilleuse et foudroyante apparition
d'Hélène au début de l'acte V, car la séduction de la
beauté n'est que le masque de la destruction et de la
mort. Elle est sans doute aussi celui de la damnation,
car, selon certaines interprétations, c'est le baiser
d'Hélène, qui n'est qu'un succube, un diable femelle,
qui scelle définitivement le sort de Faust. Or,
jusque-là, il avait encore la possibilité de se repentir et
d'être sauvé. Quel que soit le bien-fondé de ce point
de vue, il est intéressant, en tout cas, de noter que le
texte B adopte la graphie *Hellen* avec deux « l », ce qui
permet, par l'inscription dans le nom, de suggérer la
nature infernale d'*Hell*/en, l'Enfer en anglais se disant
« *Hell* ». On peut aller plus loin et dire qu'Hélène
combine les voluptés du ciel et les tourments de
l'Enfer dans la mesure où elle est saluée par Faust du

---

1. *Les Voix du mythe dans la tragédie élisabéthaine*, Paris, Éditions
du CNRS, 1996, p. 130.

titre de « *heavenly Hellen* » (céleste [et infernale] Hélène) (V.1.88).

Dans cette même scène, la critique relève souvent le curieux glissement du féminin au masculin et, à l'inverse, du masculin au féminin, Hélène se confondant avec Jupiter tandis que Faust épouse les figures de Sémélé et de la nymphe Aréthuse.

Outre ces chassés-croisés de l'identité sexuelle, qui ne sont pas inhabituels chez Marlowe [1], comme plus tard chez Shakespeare, ces comparaisons ont pour fonction de nous rappeler qu'à l'instar d'Icare ou d'Actéon, Sémélé avait cherché à percer le secret d'un dieu, attirant ainsi sur elle le châtiment foudroyant qu'est la destruction par le feu. D'une façon plus conforme aux croyances judéo-chrétiennes, Faust sera détruit par la fournaise de la géhenne. Nous n'irons cependant pas jusqu'à parler ici de « conversion » au paganisme, même si un certain nombre d'images et d'analogies du texte tendent à nous écarter d'une perspective chrétienne pour nous réorienter vers une mythologie classique dont les épisodes éclairent et parfois structurent nombre des discours ou des actions de Faust.

Le Docteur Faust, *œuvre inclassable*?

La pièce de Marlowe paraît en effet n'entrer dans aucune des catégories existantes. Ni tragédie, au sens propre du terme, ni histoire, ni comédie, elle emprunte, nous l'avons vu, nombre de ses traits au drame didactique et à la moralité en particulier. On a également pu y voir une tragédie chrétienne et protestante, un drame de la prédestination calviniste où le repentir étant en quelque sorte bloqué par le désespoir rend impossible le salut *in extremis* du héros et le

---

1. Dans la scène avec le chevalier Benvolio, qu'il compare à Actéon, Faust s'assimile à Diane tandis que, comme nous l'avons vu, Gaveston, au début d'*Édouard II*, évoque un « beau garçon déguisé en Diane »...

conduit, sans espoir de retour, à une damnation certaine. Faust y semble d'ailleurs résigné dès le début quand il épouse la philosophie fataliste du « *Chè sara sara* » (I.1)[1]. La forme tragique sert néanmoins à donner une certaine valeur esthétique à l'idée même de damnation. Marlowe fait donc ici du damné une figure tragique et non un simple objet de réprobation ou de jubilation pour le parterre (punition du méchant). Faust n'est en effet nullement assimilable au Barabas du *Juif de Malte* qui, lorsqu'il s'abîme dans un chaudron d'huile bouillante à la fin, ne fait qu'expier sa cruauté et sa perversité. Car Faust, ce manipulateur manipulé, n'est pas méchant et il montre même un certain sens de la justice quand il s'amuse à défendre le Saxon Bruno contre l'arbitraire du pouvoir papal à Rome. Il est seulement un savant aiguillonné par la curiosité et la sensualité, qui le poussent toutes deux à dépasser les limites humaines et à nous faire frémir par son audace. Faut-il pour autant le désavouer? Il ne se met pas au ban de l'humanité comme les Richard III, Iago ou Macbeth, vilains fascinants autant que machiavéliques et qui ne manquent pourtant pas de défenseurs! Pour définir cette œuvre aussi unique que complexe et ambiguë, David Bevington propose l'appellation séduisante de « tragédie du savoir ». C'est en effet ici que la soif de connaître et l'ambition intellectuelle atteignent une dimension nouvelle qui confine à une forme d'héroïsme tragique.

1. Wilbur Sanders, dans *The Dramatist and the Received Idea. Studies in the Plays of Marlowe and Shakespeare*, Cambridge, Cambridge University Press, 1968, explique, p. 226, qu'une partie de la fascination que la pièce exerce sur nous viendrait du « fatalisme inspiré par la vision de Marlowe, du sentiment que toutes les choses belles et désirables, y compris l'épanouissement de l'homme, sont soumises à un veto cosmique ».

Les images et le style

Caroline Spurgeon, dans son étude de l'imagerie shakespearienne, signale que les images du *Docteur Faust* ont un caractère aérien, lié aux étoiles et aux grands espaces[1]. Par ailleurs, la pièce est parcourue par des réseaux d'images qui reprennent le thème de l'élévation et de la chute, tandis que les figures du cercle, du cycle et de la circularité en général semblent peu liées au thème traditionnel de la roue de la Fortune, qui favorise les uns tandis qu'elle précipite les autres au bas de l'échelle sociale et cosmique. Elle rappelle plutôt les mouvements des aiguilles de l'horloge, dont les douze coups vont retentir de façon aussi inexorable que pathétique au cours du long monologue final. Les vingt-quatre années du pacte sont en effet le miroir des vingt-quatre heures du cadran de l'horloge, la pièce s'achevant à minuit, à zéro heure, une fois sa révolution achevée...

On retrouve une ironie analogue sur le plan de la rhétorique et du lexique de la pièce. Faust, expert dans les arts du langage, ne se fait en effet pas faute d'user et d'abuser de la rhétorique, qu'il tente de tordre à ses fins, faisant parfois du syllogisme un pur et simple sophisme. Marlowe nous montre qu'en trahissant le langage, Faust se trahit lui-même.

Ainsi, lorsque ce maître de l'équivoque se déclare « résolu », mot-clé qui revient à plusieurs reprises dans la pièce, il s'agit d'un terme chargé d'une forte ironie dramatique. Ce mot est en effet constamment utilisé comme synonyme d'héroïque, comme dans la scène 3 de l'acte I, où il déclare : « Ne crains pas d'être résolu Faust,/Essaie tout ce que la magie permet d'accomplir. » L'ironie se dégage de façon rétrospective, lorsque l'on place cette déclaration en regard de

---

1. *Shakespeare's Imagery and What It Tells Us*, New York, Macmillan, 1935, p. 13 : « Il [Marlowe] semble plus familier avec les cours étoilées du ciel qu'avec les verts pâturages de la terre, et il semble préférer observer les mouvements des météores et des planètes que d'étudier le visage des hommes... »

celle de Benvolio, son alter ego comique, qui demande
à ses amis à l'acte IV : « Si vous voulez m'aider dans
cette entreprise,/Alors tirez vos armes et soyez résolus. » De même, dans la première scène, il demandait
que des « esprits familiers » lui ôtent toute incertitude
(« *Resolve me of all ambiguities* ») tandis qu'à la scène 3
de l'acte II, il se dit « résolu », affirmant qu'il ne se
repentira pas (l. 32). En fait, le mot est employé dans
un sens contraire, et le contexte montre que lorsque
Faust s'affirme « résolu », c'est pour mieux dire son
irrésolution fondamentale face au choix qu'il a fait. En
outre, le verbe « *to resolve* » est également lié en anglais
à l'idée de désintégration et de morcellement. Il se rattache aux images de dissolution et de liquéfaction
(voir l'épisode du sang qui se gèle quand il signe le
pacte et qu'il fluidifie grâce à l'apport d'un brasero).
Le réseau signifiant de la « résolution » est donc struc-
turé autour d'une contradiction sémantique intrin-
sèque puisque aussi bien la résolution désespérée du
héros porte en elle la promesse de dissolution violente.
L'illusion sur le pouvoir et le sens exact des mots traduit une certaine opacité et un défaut de connaissance
de soi, ce qui a pour effet d'introduire un courant
d'ironie glacée tout au long de la pièce. Tout le pro-
blème de Faust est ici posé : comment se fait-il qu'un
si grand savant puisse à ce point se tromper et s'abuser lui-même ?

On pourrait faire une analyse semblable, à partir
de l'ambiguïté du mot « *deed* », terme qui signifie à la
fois « action », comme dans les « *proud audacious
deeds* » (les hauts faits plein d'orgueil et d'audace)
du début, et terme juridique au sens de « *deed of gift* »
(II.1.35), dans le contrat que Faust accepte de
signer de son sang. On comprend dès lors que toute
action renvoyant au contrat initial, les faits et gestes
de Faust au cours de ses déplacements et de ses
aventures, pour ne pas dire ses avatars, se vident de
leur éclat ou de leur puissance apparente et perdent
toute autonomie. Croyant triompher des autres et se
faire aimer des puissants de ce monde, il n'est que le
pathétique pantin du diable...

L'art de Christopher Marlowe

Les analyses qui précèdent traduisent les inclinations extrémistes de Marlowe qui sont liées à sa façon de penser le monde ainsi que les idées et les relations humaines en termes de couples d'antithèses et de relations binaires. Elles révèlent un tour d'esprit fondamentalement ironique qui s'amuse à détruire les aspirations héroïques ou nobles qu'il avait lui-même suscitées. Peut-on aller jusqu'à dire qu'une telle attitude procède d'un certain sadisme[1] ou, en tout cas, d'un goût un peu pervers pour la violence et la cruauté ? Cette dernière, dans *Le Docteur Faust*, relève du reste plus de la cruauté mentale, perceptible dans le détachement grandissant à l'égard du principal protagoniste ainsi que dans la torsion de plus en plus grande entre le mode lyrique, qui caractérise les élans initiaux du magicien, et la froide ironie qui le laisse s'avancer plus avant sur le chemin de la damnation. En ce sens, si Marlowe emprunte à la Moralité c'est bien pour l'inverser, puisque ce qui au bout du compte est atteint, c'est la damnation et non pas le salut.

Les considérations de type historique et théologique qui entourent le cas Faust ne nous laissent en fait que des possibilités de compassion très limitées, suggérant en filigrane que le héros, comme le dit Jonathan Dollimore, se débat « dans une impasse de désespoir » et que, dans toute cette affaire, sa liberté est progressivement réduite à néant. Faust, qui veut désespérément croire à l'illusion du pouvoir et du plaisir, dont il entend jouir sans entraves, semble par instants dramatiquement peu conscient des enjeux réels du drame dans lequel il est pris. Il s'agit d'une dialectique véritablement infernale, d'un cercle qui est moins magique que vicieux et où cha-

---

1. À propos du lien équivoque (*bondage*) qui rattache Faust « aux horreurs médiévales de sa propre conscience », Wilbur Sanders, *op. cit.*, p. 216, parle en effet de « schoolboy sadism ».

cun de ses actes confirme un lien antérieur ou en crée un nouveau avec des conséquences qui le tiennent, ou plutôt le contiennent.

L'appareil répressif (l'Enfer, ses diables et ses terreurs) est montré sous un jour de comédie grotesque (parade des Sept Péchés capitaux) avant d'apparaître dans toute son épouvante à la fin de la dernière scène. En ce sens, le texte B va beaucoup plus loin que le texte A, qui n'insiste pas de la même manière sur l'horreur toute physique de la damnation, sur les hurlements de Faust à minuit ni sur le spectacle effroyable des membres gisant à terre après avoir été arrachés de son corps. Les scènes dites comiques, qui reprennent la tradition de la Moralité et les bouffonneries à la fois obscènes et macabres du Vice, évoquent les connivences du rire avec Satan. Le mal peut prendre un visage souriant et tenir un discours rassurant ou distrayant. Les poses histrioniques d'un Richard III ou d'un Iago sont là pour nous le rappeler. C'est que le rire, comme l'a bien vu Baudelaire, a en lui quelque chose d'intrinsèquement diabolique.

Dans *Le Docteur Faust*, Marlowe hisse brusquement les données du folklore et de la légende à la hauteur vertigineuse du mythe, jetant un pont audacieux entre l'Antiquité et le monde moderne, empruntant au théâtre ses structures médiévales ou certains oripeaux désuets pour mieux révolutionner l'art de la scène. Il esquisse ici une structure faite d'un dosage subtil d'échos et de correspondances qui anticipe sur les techniques du Masque et de l'antimasque. Il fait naître l'action de la ratiocination, l'horreur de la bouffonnerie et le pathétique de l'insignifiant ou du trivial, grâce à une esthétique aussi profondément novatrice que dérangeante qui juxtapose logique et contradiction, désir et perversion, lyrisme étincelant et ironie cruelle, sans jamais cependant livrer totalement les clés de son équivoque ou de son secret.

François Laroque.

NOTE SUR LE TEXTE

Il existe deux versions différentes de la pièce, le texte A publié en 1604 et le texte B paru en 1616. Le second comprend 676 lignes de plus que le premier tandis que le texte A ne comporte que quelques passages (pour un total de 36 lignes) que l'on ne trouve pas dans B.

Nous avons fait ici le choix d'un texte qui puisse être considéré comme le plus complet possible plutôt que celui d'un texte qui pourrait être le plus proche de celui que Marlowe a pu écrire. Nous savons en effet que les additions du texte B sont de la main d'auteurs mercenaires spécialisés dans les raccords, les additions et les collaborations, à une époque où la demande de pièces nouvelles était telle qu'il fallait souvent faire appel aux services de ces obscurs professionnels de l'écriture. En l'occurrence, les deux responsables des additions au texte originel du *Docteur Faust* se nomment Birde et Rowley, le second étant un nom souvent rencontré dans les œuvres écrites en collaboration à cette époque. C'était un spécialiste des intermèdes comiques et il était parfaitement à son affaire pour broder sur les différents épisodes des « frasques » de Faust, que ce soit à la cour du Pape à Rome ou à celle de l'Empereur où il est aux prises avec Benvolio, le chevalier orgueilleux et paresseux, ou avec un maquignon ou un charretier. Ces scènes sont moins mauvaises qu'on a voulu le dire ou l'écrire, car elles reflètent bien la structure épisodique du *Faustbook*, la source principale de Marlowe pour sa pièce, et marchent toujours parfaitement au théâtre. Elles sont

d'ailleurs là pour cela, pour faire diversion ou contraste, et elles s'insèrent harmonieusement dans l'économie de l'ensemble. Elles proposent une version un peu plus aventureuse et déjà vaguement picaresque du drame de la science et de la conscience qui se joue entre Faust et lui-même avec le diable pour témoin et pour agent provocateur.

Contrairement à ce qu'ont fait David Bevington et Eric Rasmussen[1], il était impossible, pour des raisons d'espace, de donner les deux versions différentes du *Docteur Faust* l'une à la suite de l'autre. Il n'était pas non plus judicieux, me semble-t-il, de se fonder sur le texte A en rejetant en annexe l'ensemble des variantes et des additions du texte B. L'expérience prouve que la lecture des annexes et de la comparaison avec le texte principal n'est pas aisée et que cela pouvait affecter l'image de l'œuvre dans son ensemble, surtout par comparaison avec le *Faust* de Goethe, peut-être plus connu en France que l'œuvre de Marlowe. Le texte A seul aurait contribué à donner de la pièce l'image d'une Moralité dépouillée d'une partie des scènes comiques.

Les lignes qui sont dans le texte A et absentes dans le texte B ont été incluses dans cette traduction et signalées par des crochets suivis d'une parenthèse qui marque la provenance du passage (A). Mais, parfois, le texte des deux scènes diffère tellement que nous avons dû nous résoudre à donner en annexe les variantes du texte A (II.2, III.2, IV.1). La collaboration entre auteurs était en effet une pratique courante à cette époque et elle avait pour finalité, non pas la publication mais la mise en scène d'un texte écrit et pensé pour et en fonction du théâtre. La présente édition du *Docteur Faust* repose donc sur un travail synthétique. Mais il s'agit d'un choix qui s'appuie sur ce que l'on sait de la pratique effective de l'écriture théâtrale de cette époque plutôt que sur une tentative de

---

1. Auteurs de l'anthologie récente de pièces de Marlowe intitulée *Dr Faustus and Other Plays*, Harmondsworth, Penguin, 1995.

reconstruction quasi archéologique de la version d'origine. En l'absence d'un texte canonique qui fasse autorité, la pièce de Marlowe a pu être alors traitée comme un canevas génial sur lequel des collaborateurs ont certainement brodé pour y ajouter un certain nombre d'effets spéciaux, de scènes grotesques ou satiriques, le tout visant avant tout à séduire les foules dans un climat de concurrence effrénée entre les théâtres publics à Londres.

Les traducteurs de la présente édition se sont efforcés de coller au texte original d'aussi près que possible, tout en modernisant quelque peu les dialogues pour conserver leur vivacité idiomatique et leur coloration comique ou grinçante, dans des scènes qui restent d'ailleurs fort drôles. Par ailleurs, les nombreux jeux de mots font parfois l'objet de transpositions signalées en note lorsque cela a paru nécessaire. Il s'est agi en effet de donner une traduction aussi alerte que possible, respectant les différences de ton et de niveau de langue d'une scène à l'autre.

Cette édition bilingue permet de suivre l'anglais ligne à ligne et d'épouser les contours, sinon les méandres de l'original avec quelques empiècements de longueur variable, dûment signalés au passage, qui donnent une idée de la stratification opérée au cours des différentes éditions. On aboutit ainsi à un texte qui est probablement le plus long jamais fourni dans une édition du *Docteur Faust* et qui donne, dès la première lecture, une idée de sa richesse autant que de sa complexité. Les étudiants et les spécialistes devraient, nous l'espérons, tous y trouver leur compte.

Mais cette traduction a également été faite en pensant au théâtre et offre aux metteurs en scène et aux acteurs différentes options en leur donnant la totalité des états du texte. Nous l'avons voulu éminemment et immédiatement jouable, ne fût-ce que pour tenter de faire passer le plus possible sa théâtralité originelle.

F. L.

DOCTOR FAUSTUS

LE DOCTEUR FAUST

DRAMATIS PERSONAE

The Chorus	The Bishop of Lorraine
Doctor John Faustus	Monks
Wagner	Friars
Good Angel	A Vintner
Bad Angel	Martino
Valdes	Frederick
Cornelius	Officers
Three Scholars	Gentlemen
Lucifer	Benvolio
Devils	The Emperor of Germany,
Mephistopheles	Charles V
Robin, *the Clown*	The Duke of Saxony
A Woman Devil	Alexander the Great
Dick	His Paramour } *Spirits*
Beelzebub	Darius
Pride	Belimoth
Covetousness	Argiron } *Devils*
Envy	Ashtaroth
Wrath *The Seven*	Soldiers
Gluttony *Deadly Sins*	A Horse-Courser
Sloth	A Carter
Lechery	A Hostess
Pope Adrian	The Duke of Vanholt
Raymond, King of Hungary	The Duchess of Vanholt
Bruno, *the rival pope*	A Servant
The Cardinal of France	Helen of Troy, *a spirit*
The Cardinal of Padua	An Old Man
The Archbishop of Rheims	Two Cupids

PERSONNAGES

Le chœur
Le docteur Jean Faust
Wagner
Le Bon Ange
Le Mauvais Ange
Valdès
Cornélius
Trois clercs
Lucifer
Démons
Méphistophélès
Robin, *le Bouffon*
Dick
Un démon femme
Belzébuth
L'orgueil
L'avarice
L'envie   *Les Sept*
La colère   *Péchés*
La gourmandise   *Capitaux*
La paresse
La luxure
Le pape Hadrien
Raymond, roi de Hongrie
Bruno, *le rival du Pape*
Le cardinal de France
Le cardinal de Padoue
L'archevêque de Reims

L'évêque de Lorraine
Moines
Frères
Un tavernier
Martino
Frédéric
Officiers
Gentilshommes
Benvolio
Charles Quint,
empereur d'Allemagne
Le duc de Saxe
Alexandre le Grand
Sa Maîtresse   *Esprits*
Darius
Belimoth
Ashtaroth   *Démons*
Argiron
Soldats
Un maquignon
Un charretier
Une hôtesse
Le duc d'Anhalt
La duchesse d'Anhalt
Serviteur
Hélène de Troie, *un esprit*
Un vieillard
Deux cupidons

[PROLOGUE]

Enter Chorus

CHORUS

Not marching in the fields of Trasimene
Where Mars did mate the warlike Carthagens,
Nor sporting in the dalliance of love
In courts of kings where state is overturned,
5 Nor in the pomp of proud audacious deeds,
Intends our muse to vaunt his heavenly verse.
Only this, gentles : we must now perform
The form of Faustus' fortunes, good or bad.
And now to patient judgements we appeal,
10 And speak for Faustus in his infancy.
Now is he born, of parents base of stock,
In Germany, within a town called Rhode.
At riper years to Wittenberg he went,
Whereas his kinsmen chiefly brought him up.
15 So much he profits in divinity
[The fruitful plot of scholarism graced,] (A)
That shortly he was graced with doctor's name,
Excelling all, and sweetly can dispute
In th'heavenly matters of theology;
20 Till, swoll'n with cunning of a self-conceit,
His waxen wings did mount above his reach,
And, melting, heavens conspired his overthrow.
For, falling to a devilish exercise,
And glutted now with learning's golden gifts,

[PROLOGUE]

Entre le chœur

LE CHŒUR

Ici, point de parades aux champs de Trasimène[1]
Où Mars accompagnait les preux Carthaginois,
Point de ces badinages où les amours folâtres
Hantent la cour des rois et renversent les trônes,
Point de hauts faits pompeux pleins d'orgueil et
[d'audace,
Car cela notre muse céleste refuse de le chanter.
Nobles spectateurs, vous n'allez voir que ceci,
L'histoire de Faust et de sa fortune bonne ou
[mauvaise.
Nous en appelons maintenant à votre patient jugement,
En commençant par l'enfance de Faust.
Le voici donc qui naît dans une humble famille,
En Allemagne dans la ville de Rhode[2].
Quand il est plus âgé il va à Wittenberg[3],
À l'université, aux frais de ses parents,
Il réussit si bien en la science du divin
[Se distinguant dans ce fertile champ d'études] (A),
Qu'il est bientôt honoré du titre de docteur,
Devenant le meilleur, capable de disputer
Calmement des dogmes divins de la théologie.
Tant et si bien que, gonflé d'orgueil et de science,
Il s'élève trop haut sur des ailes de cire,
Que le ciel va faire fondre pour entraîner sa chute[4];
Car il s'adonne à des pratiques démoniaques,
Tout rassasié qu'il est des dons précieux du savoir,

25 He surfeits upon cursèd necromancy;
   Nothing so sweet as magic is to him,
   Which he prefers before his chiefest bliss.
   And this the man that in his study sits.
          [*Exit*]

Et se repaît de l'art maudit de la sorcellerie.
À ses yeux, rien n'est plus doux que la magie
Qu'il place au-dessus des joies de son salut.
Cet homme le voici, il est dans son cabinet.
　　[Il sort]

[I.1]

Faustus in his study

FAUSTUS

Settle thy studies, Faustus, and begin
To sound the depth of that thou wilt profess.
Having commenced, be a divine in show,
Yet level at the end of every art,
5 And live and die in Aristotle's works.
Sweet *Analytics*, 'tis thou hast ravished me!
[*He reads*] "*Bene disserere est finis logices.*"
Is to dispute well logic's chiefest end?
Affords this art no greater miracle?
10 Then read no more; thou hast attained that end.
A greater subject fitteth Faustus' wit.
Bid [*On kai me on*] (A) farewell, and Galen, come!
Be a physician, Faustus. Heap up gold,
And be eternized for some wondrous cure.
15 [*He reads*] "*Summum bonum medicinae sanitas*":
The end of physic is our body's health.
Why Faustus, hast thou not attained that end?
[Is not thy common talk sound aphorisms?] (A)
Are not thy bills hung up as monuments,
20 Whereby whole cities have escaped the plague
And thousand desperate maladies been cured?

[ACTE I]

[Scène 1]

Faust dans son cabinet

FAUST

Il faut restreindre tes recherches, Faust, et sonder
La profondeur de toutes tes connaissances.
Puisque tu es docteur, joue au théologien,
Mais de ces arts, sache également la fin,
Et consacre ta vie à l'œuvre d'Aristote.
Ô douce *Analytique*[5], c'est toi qui m'as séduit !
[*Il lit*] « *Bene disserere est finis logices.* »
Bien discuter est-il le but de la logique ?
Cet art ne fait-il pas de plus grand miracle ?
Inutile de lire, tu as atteint ton but,
Il faut à l'esprit de Faust un plus ample sujet.
Adieu [*on kai me on*] (A)[6], tournons-nous vers Galien[7],
Puisque *ubi desinit philosophus, ibi incipit medicus*[8].
Sois médecin, Faust. Entasse de l'or,
Et deviens immortel en faisant des miracles.
[*Il lit*] « *Summum bonum medicinae sanitas*[9] » :
Le but de la médecine est la santé du corps.
Voyons, Faust, ce but ne l'as-tu pas atteint ?
[Tes moindres propos ne sont-ils pas autant d'apho-
[rismes ?] (A)
Tes ordonnances ne sont-elles pas affichées sur les murs
Pour avoir sauvé des villes entières de la peste
Et guéri les gens de mille maladies mortelles ?

Yet art thou still but Faustus, and a man.
Couldst thou make men to live eternally,
Or, being dead, raise them to life again,
25 Then this profession were to be esteemed.
Physic, farewell! Where is Justinian?
[*He reads*] "*Si una eademque res legatur duobus,*
Alter rem, alter valorem rei", etc.
A petty case of paltry legacies!
30 [*He reads*] "*Exhaereditare filium non potest pater nisi—*"
Such is the subject of the Institute
And universal body of the law.
This study fits a mercenary drudge
Who aims at nothing but external trash—
35 Too servile and illiberal for me.
When all is done, divinity is best.
Jerome's Bible, Faustus, view it well.
[*He reads*] "*Stipendium peccati mors est.*" Ha!
"*Stipendium*", etc.
40 The reward of sin is death? That's hard.
[*He reads*] "*Si peccasse negamus, fallimur*
Et nulla est in nobis veritas."
If we say that we have no sin,
We deceive ourselves, and there is no truth in us.
45 Why then belike we must sin,
And so consequently die.
Ay, we must die an everlasting death.
What doctrine call you this? *Che serà, serà*:
What will be, shall be. Divinity, adieu!
          [*He picks up a book of magic*]
50 These metaphysics of magicians
And necromantic books are heavenly,
Lines, circles, letters, characters—
Ay, these are those that Faustus most desires.
O, what a world of profit and delight,
55 Of power, of honour, and omnipotence
Is promised to the studious artisan!
All things that move between the quiet poles
Shall be at my command. Emperors and kings
Are but obeyed in their several provinces,

Pourtant tu n'es que Faust, un homme tout simplement.
Si tu pouvais donner l'éternité aux hommes
Ou bien ressusciter ceux qui sont déjà morts,
Alors ta profession mériterait l'estime.
Adieu donc, médecine! Où est Justinien[10]?
[*Il lit*] « *Si una eademque res legatur duobus,*
Alter rem, alter valorem rei », etc. [11]
Bel exemple de la mesquinerie de l'héritage!
[*Il lit*] « *Exhaereditare filium non potest pater, nisi* [12]
Telle est donc la matière des Instituts,
Et du corps universel de la loi.
Ces études conviennent à un tâcheron mercenaire
Qui ne vise qu'à de clinquantes apparences :
Elles sont trop serviles, pas assez libérales pour moi.
Tout compte fait, la théologie est ce qu'il y a de mieux.
La Bible de Jérôme [13], oui Faust, regarde-la bien.
[*Il lit*] « *Stipendium peccati mors est.* » Ah!
« *Stipendium* », etc. [14] La mort est le salaire du péché :
                                              [voilà qui est dur.
Si peccasse negamus, fallimur, et nulla est in nobis veritas.
Si nous disons que le péché n'est pas en nous,
Nous nous abusons, et il n'y a nulle vérité en nous.
Eh bien, nous sommes apparemment voués au péché,
Et nous sommes donc condamnés à mourir.
Oui, nous devons mourir d'une mort éternelle.
Cette doctrine, comment l'appelez-vous? *Che sarà,*
                                              [*sarà :*
Ce qui doit être sera! Théologie, adieu!
        [*Il prend un livre de magie*]
Divins sont désormais la métaphysique [15]
Des magiciens, les livres de sorcellerie,
Les lignes, cercles, lettres et caractères,
Car c'est eux que Faust désire le plus.
Ah! quel monde de profits et de plaisirs,
De pouvoir, d'honneurs et d'omnipotence
Est ici promis à l'artisan studieux!
Tout ce qui tourne entre les pôles fixes
Va être à mes ordres. Les empereurs et les rois
Ne sont obéis que dans leurs diverses provinces,

60 [Nor can they raise the wind or rend the clouds;] (A)
But his dominion that exceeds in this
Stretcheth as far as doth the mind of man.
A sound magician is a demigod.
Here tire my brains to get a deity.
65 Wagner!

> *Enter Wagner*

       Commend me to my dearest friends,
The German Valdes and Cornelius.
Request them earnestly to visit me.

WAGNER

I will, sir.

> *Exit [Wagner]*

FAUSTUS

Their conference will be a greater help to me
70 Than all my labours, plod I ne'er so fast.

> *Enter the [Good] Angel and Spirit,*
> *[i.e. the Bad Angel]*

GOOD ANGEL

O Faustus, lay that damnèd book aside
And gaze not on it, lest it tempt thy soul
And heap God's heavy wrath upon thy head!
Read, read the Scriptures. That is blasphemy.

BAD ANGEL

75 Go forward, Faustus, in that famous art
Wherein all nature's treasure is contained.
Be thou on earth as Jove is in the sky,
Lord and commander of these elements.

> *Exeunt Angels*

FAUSTUS

How am I glutted with conceit of this!
80 Shall I make spirits fetch me what I please?
Resolve me of all ambiguities?

[Et ils ne peuvent pas déchaîner les vents] (A)
Ni déchirer les nuages, tandis que l'empire
De celui qui excelle en cet art
S'étend aussi loin que l'esprit humain le peut :
Un bon magicien est un demi-dieu.
Alors, creuse-toi la cervelle pour devenir un dieu.
Alors, Wagner !

> *Entre Wagner*

Mes compliments à mes très chers amis,
Les Allemands Valdès et Cornélius,
Prie-les gravement de venir me voir.

WAGNER

Oui, monsieur.

> *Il sort*

FAUST

Leur commerce me sera plus utile
Que tous mes travaux, si assidus soient-ils !

> *Entrent le [bon] ange et l'esprit*
> *[c'est-à-dire le mauvais ange]*

LE BON ANGE

Arrière, Faust, pose ce livre maudit,
Ne le regarde pas, il peut tenter ton âme
Et attirer sur toi le lourd courroux de Dieu !
Lis, oui lis donc les Écritures. Ceci n'est que blas-
[phème.

LE MAUVAIS ANGE

Faust, continue tes progrès dans cet art renommé
Qui de la nature contient tous les trésors.
Sois sur terre ce que Jupiter est au ciel,
Le seigneur et le maître de ces éléments.

> *Les anges sortent*

FAUST

Quel intense plaisir quand je pense à cela !
Vais-je demander à des esprits familiers
D'aller chercher tout ce que je désire ?

Perform what desperate enterprise I will?
I'll have them fly to India for gold,
Ransack the ocean for orient pearl,
85 And search all corners of the new-found world
For pleasant fruits and princely delicates.
I'll have them read me strange philosophy
And tell the secrets of all foreign kings.
I'll have them wall all Germany with brass
90 And make swift Rhine circle fair Wittenberg.
I'll have them fill the public schools with silk,
Wherewith the students shall be bravely clad.
I'll levy soldiers with the coin they bring
And chase the Prince of Parma from our land,
95 And reign sole king of all the provinces;
Yea, stranger engines for the brunt of war
Than was the fiery keel at Antwerp bridge
I'll make my servile spirits to invent.
Come, German Valdes and Cornelius,
100 And make me blest with your sage conference!
            Enter Valdes and Cornelius
Valdes, sweet Valdes, and Cornelius,
Know that your words have won me at the last
To practise magic and concealèd arts.
[Yet not your words only, but mine own fantasy,
105 That will receive no object, for my head
But ruminates on necromantics skill.] (A)
Philosophy is odious and obscure;
Both law and physic are for petty wits;
'Tis magic, magic that hath ravished me.
110 Then, gentle friends, aid me in this attempt,
And I, that have with subtle syllogisms

De mes pensées ôter toute incertitude ?
Et d'accomplir pour moi la plus folle entreprise ?
Ils voleront aux Indes pour me trouver de l'or,
Iront chercher les plus belles perles au fond des océans,
Et vogueront aux confins du Nouveau Monde
Pour rapporter des fruits délicieux, une nourriture de
[prince.
Ils me liront des traités de philosophes étrangers
Et me diront les secrets de tous les rois du monde
Ils dresseront des remparts d'airain autour de l'Alle-
[magne,
Détourneront le Rhin en cercle autour de Wittenberg la
[belle ;
Ils rempliront de soie les universités
Pour faire aux étudiants des toges chatoyantes.
Je lèverai une armée avec l'argent qu'ils apportent
Et chasserai le prince de Parme[16] du pays.
Alors, je régnerai, seul roi de nos provinces.
Je ferai construire des engins de guerre plus étranges
[encore
Que la barge de feu contre le pont d'Anvers[17]
Qui seront l'œuvre des esprits qui me servent.
         Entrent Valdès et Cornélius
Venez les Allemands Valdès et Cornélius,
Venez donc m'enchanter de vos sages discours !
Valdès, mon doux Valdès et toi Cornélius,
Sachez que vos paroles m'ont enfin convaincu
De pratiquer les sciences occultes et la magie ;
[Pourtant, ce ne sont pas vos paroles, c'est aussi mon
[imagination
Qui m'interdit de penser à rien d'autre, car mon esprit
Ne fait que ruminer sur l'art des nécromants.] (A)
Odieuse et obscure est la philosophie,
Le droit, la médecine sont bons pour les médiocres ;
La théologie, des trois, est la plus détestable,
Vile et ardue, méprisable et vulgaire.
Car c'est la magie, oui la magie, qui m'a séduit.
Aussi, mes chers amis, aidez-moi dans cette entre-
[prise,
Moi qui, par la précision de mes syllogismes,

Gravelled the pastors of the German Church
And made the flow'ring pride of Wittenberg
Swarm to my problems as th'infernal spirits
115 On sweet Musaeus when he came to hell,
Will be as cunning as Agrippa was,
Whose shadow made all Europe honour him.

VALDES

Faustus, these books, thy wit, and our experience
Shall make all nations to canonize us.
120 As Indian Moors obey their Spanish lords,
So shall the spirits of every element
Be always serviceable to us three.
Like lions shall they guard us when we please,
Like Almaine rutters with their horsemen's staves,
125 Or Lapland giants, trotting by our sides;
Sometimes like women, or unwedded maids,
Shadowing more beauty in their airy brows
Than has the white breasts of the Queen of Love.
From Venice shall they drag huge argosies,
130 And from America the golden fleece
That yearly stuffed old Philip's treasury,
If learnèd Faustus will be resolute.

FAUSTUS

Valdes, as resolute am I in this
As thou to live. Therefore object it not.

CORNELIUS

135 The miracles that magic will perform
Will make thee vow to study nothing else.
He that is grounded in astrology,
Enriched with tongues, well seen in minerals,
Hath all the principles magic doth require.
140 Then doubt not, Faustus, but to be renowned
And more frequented for this mystery
Than heretofore the Delphian oracle.

Ai fait taire les pasteurs de l'Église allemande,
Et attiré à moi la fleur de Wittenberg,
Pour entendre mes thèses, tout comme les damnés
Se pressent aux enfers auprès du doux Musée[18].
Oui, je veux être l'égal d'Agrippa[19], que toute
                                                [l'Europe
Honore pour avoir évoqué des fantômes.

VALDÈS

Faust, ces livres, ton esprit et notre expérience
Nous feront canoniser dans toutes les nations.
Tels les Maures des Indes soumis à leurs maîtres espa-
                                                [gnols
Les esprits de chaque élément seront nos serviteurs,
Ils seront à nos ordres, à nous trois, pour toujours.
Tantôt ce seront des lions pour nous servir d'escorte,
Tantôt des reîtres allemands avec leur lance de cavaliers,
Tantôt des géants lapons trottant à nos côtés;
Parfois ils seront femmes ou filles encore vierges
Dont le front altier dégage plus de beauté
Que le sein d'ivoire de la Reine d'Amour.
À Venise ils prendront d'immenses caravelles,
Et des Amériques rapporteront la toison d'or
Qui chaque année remplit les coffres du vieux Philippe,
Si pour tout cela le savant Faust veut être résolu.

FAUST

Tout aussi résolu, en cela, Valdès,
Que toi tu l'es à vivre. Cesse donc tes objections.

CORNÉLIUS

Les miracles que la magie va accomplir
Vont te faire jurer de n'étudier rien d'autre.
Celui qui possède les bases de l'astrologie,
Qui sait plusieurs langues[20], connaît les minéraux,
Possède tous les rudiments de la magie.
Alors n'en doute pas, Faust, tu seras célèbre
Et tu auras pour ces mystères plus de disciples
Que l'oracle de Delphes en a jamais rassemblés.

The spirits tell me they can dry the sea
And fetch the treasure of all foreign wrecks—
145 Yea, all the wealth that our forefathers hid
Within the massy entrails of the earth.
Then tell me, Faustus, what shall we three want?

FAUSTUS

Nothing, Cornelius. O, this cheers my soul!
Come, show me some demonstrations magical,
150 That I may conjure in some bushy grove
And have these joys in full possession.

VALDES

Then haste thee to some solitary grove,
And bear wise Bacon's and Albanus' works,
The Hebrew Psalter, and New Testament;
155 And whatsoever else is requisite
We will inform thee ere our conference cease.

CORNELIUS

Valdes, first let him know the words of art,
And then, all other ceremonies learned,
Faustus may try his cunning by himself.

VALDES

160 First I'll instruct thee in the rudiments,
And then wilt thou be perfecter than I.

FAUSTUS

Then come and dine with me, and after meat
We'll canvass every quiddity thereof,
For ere I sleep I'll try what I can do.

Les esprits me disent qu'ils ont le pouvoir d'assécher la
[mer,
Pour s'emparer du trésor des galions enfouis,
Ainsi que des richesses cachées par nos ancêtres
Dans les entrailles massives de la terre.
Alors, dis-moi, Faust, que nous manquera-t-il ?

FAUST

Plus rien, Cornélius. Ah, cela ravit mon âme !
Allons fais-moi une démonstration de magie,
Pour que je m'entraîne dans un joli bosquet
Et que je possède pleinement l'usage de ces plaisirs.

VALDÈS

Alors pars vite vers un bois solitaire,
En emportant les œuvres des sages Bacon et Albanus[21],
Le psautier des Hébreux et le Nouveau Testament.
Et tout ce qu'il te faudra d'autre, nous t'en informerons
Avant la fin de notre entretien.

CORNÉLIUS

Valdès, apprenons-lui d'abord les formules de cet art
Et puis, une fois initié aux cérémonies,
Faust pourra exercer sa science par lui-même.

VALDÈS

Je t'apprendrai d'abord les premiers rudiments,
Et tu seras bientôt plus avancé que moi.

FAUST

Alors, venez dîner avec moi et, le repas terminé,
Nous pourrons en examiner toutes les quiddités[22],
Car, avant de dormir, je veux essayer mes pouvoirs.

165 This night I'll conjure, though I die therefore.
              Exeunt

[I.2]

Enter two Scholars

FIRST SCHOLAR

I wonder what's become of Faustus, that was wont to
make our schools ring with "*sic probo*".
              Enter Wagner, [carrying wine]

SECOND SCHOLAR

That shall we presently know. Here comes his boy.

FIRST SCHOLAR

How now, sirrah, where's thy master?

WAGNER

5 God in heaven knows.

SECOND SCHOLAR

Why, dost not thou know, then?

WAGNER

Yes, I know, but that follows not.

FIRST SCHOLAR

Go to, sirrah! Leave your jesting, and tell us where he is.

WAGNER

That follows not by force of argument, which you,
10 being licentiates, should stand upon. Therefore,

Ce soir je serai magicien, même si je dois en mourir.
   Ils sortent

[Scène 2]

Entrent deux clercs

PREMIER CLERC

Je me demande ce qu'est devenu Faust, lui dont on entendait d'habitude le *sic probo*[23] dans toutes nos écoles?

Entre Wagner, [apportant du vin]

DEUXIÈME CLERC

Nous allons le savoir tout de suite. Voici son valet.

PREMIER CLERC

Eh bien, mon jeune ami, où est ton maître?

WAGNER

Le Dieu du ciel le sait.

DEUXIÈME CLERC

Parce que toi, tu ne le sais pas?

WAGNER

Si, je le sais, mais cela ne répond pas forcément à la question.

PREMIER CLERC

Ça suffit, l'ami! Cesse de plaisanter et dis-nous où il est.

WAGNER

Cela ne découle pas nécessairement de la force des arguments sur lesquels, vous autres licenciés, vous

acknowledge your error, and be attentive.

SECOND SCHOLAR

Then you will not tell us?

WAGNER

You are deceived, for I will tell you. Yet if you were
not dunces, you would never ask me such a question.
15 For is he not *corpus naturale*? And is not that *mobile*?
Then, wherefore should you ask me such a question?
But that I am by nature phlegmatic, slow to wrath,
and prone to lechery—to love, I would say—it were
not for you to come within forty foot of the place of
20 execution, although I do not doubt but to see you
both hanged the next sessions. Thus, having triumphed over you, I will set my countenance like a preci-
sian and begin to speak thus: Truly, my dear brethren, my master is within at dinner with Valdes and
25 Cornelius, as this wine, if it could speak, would
inform your worships. And so the Lord bless you,
preserve you, and keep you, my dear brethren.
        Exit [*Wagner*]

FIRST SCHOLAR

O Faustus,
Then I fear that which I have long suspected,
30 That thou art fall'n into that damnèd art
For which they two are infamous through the world.

SECOND SCHOLAR

Were he a stranger, not allied to me,
The danger of his soul would make me mourn.

êtes censés vous appuyer! Par conséquent, reconnais-
sez votre erreur et soyez attentifs.

DEUXIÈME CLERC

Alors, tu ne veux pas nous le dire?

WAGNER

Vous vous trompez, car je vais vous le dire. Pourtant,
si vous n'étiez pas des coupeurs de cheveux en
quatre[24], vous ne me poseriez jamais pareille question.
Car Faust n'est-il pas *corpus naturale*? et par
conséquent *mobile*[25]? Alors pourquoi me poser une
telle question? Si je n'étais pas flegmatique par nature,
lent à me mettre en colère, et enclin à la luxure (à
l'amour, j'entends), vous n'auriez pas le droit
d'approcher à moins de quarante pieds du lieu de
notre pitance[26], bien que je ne doute pas de vous voir
tous les deux à la potence aux prochaines assises.
Ayant ainsi triomphé de vous, je vais prendre la mine
d'un puritain et me mettre à parler de la façon suivante : « En vérité, mes bien chers frères, mon maître
est chez lui et dîne avec Valdès et Cornélius, comme
le vin que voici, s'il pouvait parler, en informerait vos
seigneuries. Donc, que Dieu vous bénisse, vous pro-
tège et vous garde, mes bien chers frères. »
      Sort [*Wagner*]

PREMIER CLERC

Ah, Faust,
Je crains fort que ce que j'ai longtemps soupçonné,
Ne soit arrivé : n'aurais-tu pas succombé à cet art
                                              [maudit
Qui, aux yeux du monde, a perdu ces deux hommes?

DEUXIÈME CLERC

Si c'était un étranger, s'il n'était mon ami,
Le péril où il met son âme me plongerait dans l'afflic-
                                              [tion.

But come, let us go and inform the Rector.
35 It may be his grave counsel may reclaim him.

FIRST SCHOLAR

I fear me nothing will reclaim him now.

SECOND SCHOLAR

Yet let us see what we can do.
          Exeunt

[I.3]

Thunder. Enter Lucifer and four Devils [above].
[Enter] Faustus to them with this speech. [He holds a
book, unaware of their presence]

FAUSTUS

Now that the gloomy shadow of the night,
Longing to view Orion's drizzling look,
Leaps from th'Antarctic world unto the sky
And dims the welkin with her pitchy breath,
5 Faustus, begin thine incantations,
And try if devils will obey thy hest,
Seeing thou hast prayed and sacrificed to them.
          [*He draws a circle*]
Within this circle is Jehovah's name
Forward and backward anagrammatized,
10 Th'abbreviated names of holy saints,
Figures of every adjunct to the heavens,
And characters of signs and erring stars,
By which the spirits are enforced to rise.
Then fear not, Faustus, to be resolute,
15 And try the utmost magic can perform.
          [*Thunder*]

Sint mihi dei Acherontis propitii! Valeat numen triplex

Mais, bon, allons en informer le Recteur,
Il se peut que ses graves conseils arrivent à le sauver.

PREMIER CLERC

Je crains que rien ne puisse plus le sauver à présent.

DEUXIÈME CLERC

Essayons malgré tout de voir ce que nous pouvons
faire.

Ils sortent

[Scène 3]

Coups de tonnerre
Entrent Lucifer et quatre démons [au-dessus]
*[Entre] Faust qui leur tient ce discours [Il a un livre à
la main et il ne les voit pas]*

FAUST

Maintenant que l'ombre noire de la nuit,
Désirant voir Orion au visage de pluie[27],
Se projette vers le ciel du fond de l'Antarctique
Et assombrit sa voûte d'une haleine de poix,
C'est l'heure, Faust, de commencer tes incantations
Et de voir si les démons vont obéir à l'appel,
Puisque tu leur as fait prières et sacrifices.
Dans ce cercle est tracé le nom de Jéhovah,
     [Il trace un cercle]
À l'endroit et à l'envers, en anagrammes,
Avec, en abrégé, le nom de tous les saints;
Là, tous les corps célestes sont représentés,
Les caractéristiques du zodiaque et des astres errants
Grâce auxquelles les esprits sont forcés d'apparaître.
Ne crains pas d'être résolu, Faust,
Essaie tout ce que la magie permet d'accomplir.
     [Coups de tonnerre]
Sint mihi dei Acherontis propitii! Valeat numen triplex

Jehovae! Ignei, aerii, aquatici, terreni, spiritus salvete!
Orientis princeps Lucifer, Beelzebub, inferni ardentis
monarcha, et Demogorgon, propitiamus vos ut appareat
20 *et surgat Mephistophiles!*
Quid tu moraris? Per Jehovam, Gehennam, et consecra-
tam aquam quam nunc spargo, signumque crucis quod
nunc facio, et per vota nostra, ipse nunc surgat nobis dica-
tus Mephistophiles!
            [*Faustus sprinkles holy water and makes a sign of*
            the cross.]
            Enter a Devil [*Mephistopheles, in the shape of a*]
            dragon
25 I charge thee to return and change thy shape.
Thou art too ugly to attend on me.
Go, and return an old Franciscan friar;
That holy shape becomes a devil best.
            Exit Devil [*Mephistopheles*]
I see there's virtue in my heavenly words.
30 Who would not be proficient in this art?
How pliant is this Mephistopheles,
Full of obedience and humility!
Such is the force of magic and my spells.
[Now, Faustus, thou art conjurer laureate,
35 That canst command great Mephistopheles.
Quin redis, Mephistophiles, fratris imagine!] (A)
            Enter Mephistopheles [*dressed as a friar*]

MEPHISTOPHELES

Now, Faustus, what wouldst thou have me do?

FAUSTUS

I charge thee wait upon me whilst I live,
To do whatever Faustus shall command,
40 Be it to make the moon drop from her sphere
Or the ocean to overwhelm the world.

MEPHISTOPHELES

I am a servant to great Lucifer
And may not follow thee without his leave.

Jehovae! Ignei, aerii, aquatici, terreni, spiritus salvete!
Orientis princeps Lucifer, Beelzebub, inferni ardentis
monarcha, et Demogorgon, propitiamus vos ut appareat
et surgat Mephistopheles[28]*!*
Quid tu moraris? Per Jehovam, Gehennam, et consecra-
tam aquam quam nunc spargo, signumque crucis quod
nunc facio, et per vota nostra, ipse nunc surgat nobis dica-
tus Mephistopheles[29]*!*

      [*Faust asperge le sol d'eau bénite et fait le signe de*
      la croix]

      Entre un démon [*Méphistophélès sous la forme*
      d'un dragon]

Demi-tour, c'est un ordre, et va changer de forme :
Tu es trop laid pour me servir.
Va-t'en et reviens en vieux moine franciscain,
Cette sainte apparence sied bien mieux au démon.

      Sort le démon [*Méphistophélès*]

Il y a, je le vois, quelque vertu dans mes paroles
                           [célestes.
Qui pourrait refuser de passer maître en cet art?
Que ce Méphistophélès a donc l'échine souple,
Qu'il est obéissant et plein d'humilité!
Telle est donc la force de mes enchantements!
[À présent, Faust, tu es le roi des magiciens,
Tu peux donner des ordres au grand Méphistophélès.
Quin redis, Mephistopheles, fratris imagine[30].] (A)

      Entre Méphistophélès [*déguisé en moine*]

MÉPHISTOPHÉLÈS

Eh bien, Faust, que veux-tu que j'accomplisse pour toi?

FAUST

Je veux que tu me serves tant que je serai en vie,
Que tu fasses tout ce que Faust te commandera,
Qu'il s'agisse d'arracher la lune à son orbite
Ou de noyer l'univers sous l'eau de l'océan.

MÉPHISTOPHÉLÈS

Je suis le serviteur du grand Lucifer
Et ne peux te servir sans qu'il m'y autorise;

No more than he commands must we perform.

FAUSTUS

45 Did not he charge thee to appear to me?

MEPHISTOPHELES

No, I came now hither of mine own accord.

FAUSTUS

Did not my conjuring raise thee? Speak.

MEPHISTOPHELES

That was the cause, but yet *per accidens*.
For when we hear one rack the name of God,
50 Abjure the Scriptures and his Saviour Christ,
We fly in hope to get his glorious soul,
Nor will we come unless he use such means
Whereby he is in danger to be damned.
Therefore, the shortest cut for conjuring
55 Is stoutly to abjure all godliness
And pray devoutly to the prince of hell.

FAUSTUS

So Faustus hath
Already done, and holds this principle:
There is no chief but only Beelzebub,
60 To whom Faustus doth dedicate himself.
This word "damnation" terrifies not me,
For I confound hell in Elysium.
My ghost be with the old philosophers!
But leaving these vain trifles of men's souls,
65 Telle me, what is that Lucifer thy lord?

MEPHISTOPHELES

Arch-regent and commander of all spirits.

Nous sommes tenus de faire ce qu'il nous dit, rien de
[plus.

FAUST

Il ne t'a pas donné l'ordre d'apparaître devant moi?

MÉPHISTOPHÉLÈS

Non, je suis venu de mon propre chef.

FAUST

Ce ne sont pas mes sortilèges qui t'ont fait apparaître,
[dis-moi?

MÉPHISTOPHÉLÈS

Ils en ont été la cause, mais c'est *per accidens*,
Car, lorsqu'on entend quelqu'un s'en prendre au nom
[de Dieu,
Abjurer les Écritures et son Sauveur le Christ,
Nous accourons dans l'espoir d'avoir sa belle âme;
Mais nous ne venons que s'il use de moyens
Qui le mettent en danger d'être à jamais damné.
Donc le meilleur raccourci pour devenir magicien
Est d'abjurer en bloc tout ce qui est divin
Et de prier dévotement le prince de l'Enfer.

FAUST

C'est ce que Faust a déjà fait
Car il admet pour principe
Qu'il n'y a pas d'autre chef que Belzébuth
Auquel Faust a choisi de consacrer sa vie.
Ce mot de damnation ne me terrifie pas
Car je confonds l'Enfer avec l'Élysée.
Mon ombre retrouvera celle des anciens philosophes!
Mais laissons-là les âmes humaines, ces vaines
[bagatelles,
Et dis-moi qui est ce Lucifer, ton maître?

MÉPHISTOPHÉLÈS

Le commandant suprême, chef de tous les esprits.

FAUSTUS

Was not that Lucifer an angel once?

MEPHISTOPHELES

Yes, Faustus, and most dearly loved of God.

FAUSTUS

How comes it then that he is prince of devils?

MEPHISTOPHELES

70 O, by aspiring pride and insolence,
    For which God threw him from the face of heaven.

FAUSTUS

And what are you that live with Lucifer?

MEPHISTOPHELES

Unhappy spirits that fell with Lucifer,
Conspired against our God with Lucifer,
75 And are for ever damned with Lucifer.

FAUSTUS

Where are you damned?

MEPHISTOPHELES

In hell.

FAUSTUS

How comes it then that thou art out of hell?

MEPHISTOPHELES

Why, this is hell, nor am I out of it.
80 Think'st thou that I, that saw the face of God

FAUST

Ce Lucifer n'était-il pas un ange autrefois?

MÉPHISTOPHÉLÈS

C'est vrai, Faust, et Dieu l'aimait tendrement.

FAUST

Alors, comment se fait-il qu'il soit prince des démons?

MÉPHISTOPHÉLÈS

C'est à cause de son ambition et de son insolence
                                        [orgueilleuse
Que Dieu l'a précipité du plus haut du ciel.

FAUST

Et qui êtes-vous vous qui vivez avec Lucifer?

MÉPHISTOPHÉLÈS

Des malheureux esprits tombés avec Lucifer,
Qui ont conspiré contre notre Dieu avec Lucifer
Et sont à jamais damnés avec Lucifer.

FAUST

Damnés, où est votre demeure?

MÉPHISTOPHÉLÈS

En Enfer.

FAUST

Comment se fait-il donc que toi, tu sois hors de
                                        [l'Enfer?

MÉPHISTOPHÉLÈS

Mais l'Enfer c'est ici, je n'en suis pas sorti.
Penses-tu que moi qui ai vu Dieu en face,

And tasted the eternal joys of heaven,
Am not tormented with ten thousand hells
In being deprived of everlasting bliss?
O Faustus, leave these frivolous demands,
85 Which strikes a terror to my fainting soul!

FAUSTUS

What, is great Mephistopheles so passionate
For being deprivèd of the joys of heaven?
Learn thou of Faustus manly fortitude,
And scorn those joys thou never shalt possess.
90 Go bear these tidings to great Lucifer:
Seeing Faustus hath incurred eternal death
By desperate thoughts against Jove's deity,
Say he surrenders up to him his soul,
So he will spare him four-and-twenty years,
95 Letting him live in all voluptuousness,
Having thee ever to attend on me,
To give me whatsoever I shall ask,
To tell me whatsoever I demand,
To slay mine enemies and to aid my friends,
100 And always be obedient to my will,
Go and return to mighty Lucifer,
And meet me in my study at midnight,
And then resolve me of thy master's mind.

MEPHISTOPHELES

I will, Faustus.
            Exit [Mephistopheles]

FAUSTUS

105 Had I as many souls as there be stars,
I'd give them all for Mephistopheles.
By him I'll be great emperor of the world
And make a bridge through the moving air
To pass the ocean; with a band of men
110 I'll join the hills that bind the Afric shore
And make that country continent to Spain,

Qui ai goûté du ciel les joies éternelles,
Je ne suis pas tourmenté par dix mille enfers,
En étant privé du bonheur éternel?
Ah, Faust, abandonne ici ces questions frivoles
Qui frappent de terreur mon âme défaillante.

FAUST

Quoi, le grand Méphistophélès en proie à pareille pas-
                                                          [sion,
Tout cela parce qu'il a été privé des joies du ciel?
De Faust apprends ce qu'est la fortitude humaine
Et dédaigne ces joies que tu n'auras jamais.
Va porter ces nouvelles au grand Lucifer :
Voyant que Faust risque une mort éternelle
En n'espérant plus rien du nom sacré de Jupiter,
Dis-lui qu'il va lui livrer son âme
S'il veut l'épargner vingt-quatre années durant,
Lui accorder de vivre en toute volupté,
Avec toi pour valet, toujours à mes côtés,
Pour me donner ce que je demanderai,
Pour répondre à toutes mes questions,
Tuer mes ennemis et aider mes amis,
Et toujours obéir à mes désirs.
Va-t'en retrouver le puissant Lucifer
Et dans mon cabinet, ce soir à minuit, rejoins-moi,
Où tu m'informeras de ce qu'en dit ton maître.

MÉPHISTOPHÉLÈS

Oui Faust, j'obéis.
          Sort [Méphistophélès]

FAUST

Si j'avais autant d'âmes qu'il y a d'étoiles,
Je les donnerais toutes pour Méphistophélès.
Grâce à lui je serai grand empereur du monde.
Je bâtirai un pont dans les airs turbulents
Pour traverser l'océan, avec quelques hommes,
J'atteindrai les collines qui bordent l'Afrique
En un seul continent je la réunirai à l'Espagne,

And both contributory to my crown.
The emperor shall not live but by my leave,
Nor any potentate of Germany.
115 Now that I have obtained what I desired,
I'll live in speculation of this art
Till Mephistopheles return again.

*Exit [Faustus below; exeunt Lucifer and other
Devils above]*

[I.4]

Enter Wagner and [Robin] the Clown

WAGNER

Come hither, sirrah boy.

ROBIN

"Boy"? O, disgrace to my person! Zounds, "boy" in
your face! You have seen many boys with beards, I
am sure.

WAGNER

5 Sirrah, hast thou no comings in?

ROBIN

Yes, and goings out too, you may see, sir.

WAGNER

Alas, poor slave, see how poverty jests in his naked-
ness! I know the villain's out of service, and so hungry
that I know he would give his soul to the devil for a
10 shoulder of mutton, though it were blood raw.

Et tous deux dès lors seront soumis à ma couronne.
L'Empereur ne vivra que si je le permets,
Et il en ira de même des potentats d'Allemagne.
Maintenant que j'ai eu ce que je désirais,
Je vais m'attaquer à l'étude de cet art
Jusqu'au prochain retour de Méphistophélès.

> *Il sort* [*Sortent Faust par le bas et Lucifer et les démons par les airs*]

[Scène 4]

Entrent Wagner et le bouffon [*Robin*]

WAGNER

Approche, mon p'tit gars.

ROBIN

« P'tit gars » ? Oh, injure à ma personne ! Cordieu ! « petit gars » vous-même ! Sûr que vous en avez vu beaucoup des barbes en pointe comme celle-ci.

WAGNER

Dis-moi bonhomme, est-ce qu'on te donne la pièce des fois ?

ROBIN

Ah ! oui, des pièces, j'en ai autant que de trous dans les poches, comme vous pouvez le voir, monsieur.

WAGNER

Hélas, le pauvre garçon ! voyez comme la pauvreté plaisante au milieu de son dénuement. Je suis sûr que le bougre n'a pas de travail et qu'il a si faim qu'il donnerait son âme au diable pour une épaule de mouton, même crue.

ROBIN

Not so, neither. I had need to have it well roasted, and
good sauce to it, if I pay so dear, I can tell you.

WAGNER

Sirrah, wilt thou be my man and wait on me? And I
will make these go like *Qui mihi discipulus*.

ROBIN

15 What, in verse?

WAGNER

No, slave, in beaten silk and stavesacre.

ROBIN

Stavesacre? That's good to kill vermin. Then belike if
I serve you, I shall be lousy.

WAGNER

Why, so thou shalt be, whether thou dost it or no; for,
20 sirrah, if thou dost not presently bind thyself to me for
seven years, I'll turn all the lice about thee into fami-
liars and make them tear thee in pieces.

ROBIN

Nay, sir, you may save yourself a labour, for they are
as familiar with me as if they paid for their meat and
25 drink, I can tell you.

ROBIN

Pas du tout. À ce prix-là, il me la faudrait bien rôtie et avec une bonne sauce, ça je vous le dis.

WAGNER

Mon garçon, est-ce que tu voudrais être mon valet et me servir ? Je te ferai passer comme *Qui mihi discipulus*[31].

ROBIN

Quoi ? en vers ?

WAGNER

Mais non, malheureux, en soie brodée et en pou de soie[32].

ROBIN

En pou de soie ? Mais c'est de la vermine, ça ! Alors, si j'entre à votre service, je vais avoir des poux ?

WAGNER

Eh bien quoi, c'est ce qui t'arrivera, que tu me serves ou non ! Car, mon garçon, si tu ne veux pas entrer à mon service pour sept ans, je m'en vais changer en familiers[33] tous les poux que tu as sur toi et leur demander de te mettre en charpie.

ROBIN

Non, monsieur, vous pouvez vous épargner cette peine, car ils sont déjà aussi familiers avec moi que s'ils avaient payé leur nourriture, ça je vous l'assure !

WAGNER [*offering money*]

Well, sirrah, leave your jesting, and take these guilders.

ROBIN

Yes, marry, sir, and I thank you, too. Gridirons? What be they?

WAGNER

Why, French crowns.

[ROBIN

30 'Mass, but for the name of French crowns a man were as good have as many English counters. And what should I do with these?

WAGNER

Why now, sirrah, thou art at an hour's warning whensoever or wheresoever the devil shall fetch thee.

ROBIN

35 No, no, here, take your gridirons again.
[*He attempts to return the money*]

WAGNER

Truly, I'll none of them.

ROBIN

Truly, but you shall.

WAGNER [*to the audience*]

Bear witness I gave them him.

ROBIN

Bear witness I give them you again.

WAGNER [*lui offrant de l'argent*]

Alors, mon garçon, assez plaisanté et prends-moi ces florins!

ROBIN

Mais certainement, mon bon monsieur, et je vous en remercie beaucoup. Qu'est-ce que c'est que ces pièces trouées[34]?

WAGNER

Eh bien quoi, des couronnes de France.

ROBIN

Vingt dieux, si ce n'était pas pour le nom de couronnes de France, vaudrait mieux avoir des jetons anglais. Mais à quoi me serviraient-ils?

WAGNER

Ma foi, bonhomme, tu as maintenant une heure devant toi, le diable peut venir te chercher, où et quand il lui plaira.

ROBIN

Ah non, pas de ça, tenez, reprenez vos florins. Je n'en veux pas! [*Il essaie de lui rendre l'argent*]

WAGNER

Non, je n'en veux pas!

ROBIN

Mais si, vous allez les reprendre.

WAGNER [*aux spectateurs*]

Vous êtes témoins que je les lui ai données.

ROBIN

Vous êtes témoins que je vous les rends.

WAGNER

40 Well, thou art pressed. Prepare thyself, for I will [pre-
    sently] (A) raise up two devils to carry thee away.—
    Banio! Belcher!

ROBIN

Belcher? An Belcher come here, I'll belch him. I am
not afraid of a devil.
45 They were never so knocked since they were devils.
    Say I should kill one of them, what would folks say?
    "Do ye see yonder tall fellow in the round slop? He
    has killed the devil." So I should be called "Kill devil"
    all the parish over.
                *Enter two Devils, and [Robin] the Clown runs up
                and down crying*

WAGNER

50 Balioll and Belcher! Spirits, away!
                Exeunt [Devils]

ROBIN

[What, are they gone? A vengeance on them! They
have vile long nails. There was a he devil and a she
devil. I'll tell you how you shall know them : all the
devils has horns, and all she devils has clefts and clo-
55 ven feet.

WAGNER

Well, sirrah, follow me.

ROBIN

But do you hear? I should serve you, you would teach
me to raise up Banios and Belcheos?

WAGNER

I will teach thee to turn thyself to anything, to a dog,
60 or a cat, or a mouse, or a rat, or anything.

WAGNER

Trop tard, tu es enrôlé. Prépare-toi, car je vais faire
surgir [à l'instant] (A) deux démons qui vont t'emporter. Banio! Belcher!

ROBIN

Banio, Belcher? S'il vient ici, ce Belcher, je vais en
faire une belle chair à pâté[35]. Un diable, ça me fait pas
peur. Ils n'auront jamais autant été frappés depuis
qu'ils sont des diables. Si j'en tuais un, qu'est-ce
qu'on dirait? « Tu as vu là-bas ce vaillant garçon aux
culottes bouffantes? Eh bien, il a tué un diable. »
Ainsi, on me surnommerait « le diable d'homme »
dans toute la paroisse.

> *Entrent deux Démons [et Robin] le Bouffon court
> de tous côtés en hurlant*

WAGNER

Baliol et Belcher! Esprits, allez-vous-en!
> *Sortent [les diables]*

ROBIN

[Alors, ils sont partis? La peste soit de ces diables! Ils
ont des ongles longs et sales. Il y avait un diable mâle
et un diable femelle. Je vais vous dire comment les
reconnaître: tous les mâles ont des cornes, et les
femelles ont des fentes et des pieds fourchus[36].

WAGNER

Eh bien, bonhomme, suis-moi.

ROBIN

Oui, mais alors écoutez-moi. Si j'acceptais de vous
servir, est-ce que vous m'enseigneriez à faire apparaître les Banios et les Belchéos[37]?

WAGNER

Oui, mon garçon, je t'apprendrais à te changer en
chien, en chat, en souris ou en rat, en tout ce que tu
voudras.

ROBIN

How? A Christian fellow to a dog or a cat, a mouse or
a rat? No, no, sir. If you turn me into anything, let it
be in the likeness of a little, pretty, frisking flea, that I
may be here and there and everywhere. O, I'll tickle
65 the pretty wenches' plackets! I'll be amongst them,
i'faith!

WAGNER

Well, sirrah, come.

ROBIN

But do you hear, Wagner?

WAGNER

How?—Balioll and Belcher!

ROBIN

70 O Lord, I pray sir, let Banio and Belcher go sleep. O
brave, Wagner!] (A)

WAGNER

Villain, call me Master Wagner, and see that you walk
attentively, and let your right eye be always diame-
trally fixed upon my left heel, that thou mayst *quasi*
75 *vestigiis nostris insistere.*

ROBIN

God forgive me, he speaks Dutch fustian. Well, I'll
follow him, I'll serve him that's flat.
          [*Exit*] (A)

ROBIN

Comment cela ? Un chrétien changé en chien, en chat,
en souris ou en rat ? Ah çà non, monsieur ! Si vous
devez me changer en quelque chose, que ce soit en
une jolie petite puce frétillante, pour que j'aille ici et là
et partout[38]. Oh, je m'en vais chatouiller les jolies filles
sous leurs jupes ! Je vais me nicher là, comptez sur
moi !

WAGNER

Malotru, allez, viens.

ROBIN

Vous m'avez bien compris, Wagner ?

WAGNER

Quoi encore ? Balioll et Belcher !

ROBIN

Seigneur, je vous en prie, laissez Banio et Belcher aller
se coucher. Ah, c'est merveilleux, Wagner !] (A)

WAGNER

Malotru, appelle-moi Maître Wagner, et fais attention
où tu mets les pieds : que ton œil droit soit toujours
diamétralement fixé sur mon talon gauche, afin de
pouvoir *quasi vestigiis nostris insistere*[39].

ROBIN

Que Dieu me pardonne ! Il baragouine en flamand.
C'est bon, je vais le suivre et me mettre à son service,
pour sûr !
     [*Il sort*] (A)

[II.1]

Enter Faustus in his study

FAUSTUS

Now, Faustus, must thou needs be damned?
Canst thou not be saved?
What boots it then to think on God or heaven?
Away with such vain fancies, and despair!
5 Despair in God and trust in Beelzebub.
Now go not backward, Faustus, be resolute.
Why waver'st thou? O, something soundeth in mine
[ear:
"Abjure this magic, turn to God again!"
Why, he loves thee not.
10 The god thou serv'st is thine own appetite,
Wherein is fixed the love of Beelzebub.
To him I'll build an altar and a church,
And offer lukewarm blood of new-born babes.
Enter the two Angels

BAD ANGEL

Go forward, Faustus, in that famous art.

GOOD ANGEL

15 Sweet Faustus, leave that execrable art.

[ACTE II]

[Scène 1]

Entre Faust, dans son cabinet

FAUST

Désormais, Faust, tu es voué à la damnation,
Rien ne peut plus te sauver.
Pourquoi alors penser à Dieu ou au ciel?
Rejette ces chimères et n'espère plus!
Désespère de Dieu et crois en Belzébuth.
Non, ne recule pas, Faust, sois résolu.
Quoi, tu hésites encore? Oh! Une voix murmure à
                                     [mes oreilles :
« Abjure cette magie et retourne vers Dieu! »
Oui, Faust va de nouveau se tourner vers Dieu.
Mais pourquoi? Il ne t'aime pas.
Le dieu que tu sers est ton propre appétit,
Où s'est fixé l'amour de Belzébuth.
Je m'en vais lui bâtir un autel et un temple
Et lui offrir le sang tiède des bébés nouveau-nés.
    Entrent les deux anges

LE MAUVAIS ANGE

Continue, Faust, à pratiquer cet art admirable.

LE BON ANGE

Renonce, mon doux Faust, à cet art exécrable.

FAUSTUS

Contrition, prayer, repentance—what of these?

GOOD ANGEL

O, they are means to bring thee unto heaven.

BAD ANGEL

Rather illusions, fruits of lunacy,
That make them foolish that do use them most.

GOOD ANGEL

20 Sweet Faustus, think of heaven and heavenly things.

BAD ANGEL

No, Faustus, think of honour and of wealth.
     Exeunt Angels

FAUSTUS

Wealth?
Why, the seigniory of Emden shall be mine.
When Mephistopheles shall stand by me,
25 What power can hurt me? Faustus, thou art safe;
Cast no more doubts. Mephistopheles, come,
And bring glad tidings from great Lucifer.
Is't not midnight? Come, Mephistopheles!
Veni, veni, Mephistophile!
     Enter Mephistopheles
30 Now tell me what saith Lucifer thy lord?

MEPHISTOPHELES

That I shall wait on Faustus whilst he lives,
So he will buy my service with his soul.

FAUSTUS

Already Faustus hath hazarded that for thee.

FAUST

Contrition, prières et repentir, à quoi bon tout cela ?

LE BON ANGE

Mais ce sont les moyens de te conduire au ciel.

LE MAUVAIS ANGE

Illusions plutôt et fruits de la folie
Qui abêtissent les hommes qui en usent le plus.

LE BON ANGE

Mon doux Faust, pense au ciel et aux choses célestes.

LE MAUVAIS ANGE

Non Faust, pense aux honneurs et à la richesse.
Sortent les anges

FAUST

À la richesse !
Alors, j'aurai bientôt la seigneurie d'Emden[40].
Quand Méphistophélès sera à mes côtés,
Quel pouvoir pourra me nuire ? Faust, tu n'as rien à
                                                    [craindre :
Cesse enfin de douter ! Méphistophélès, viens
Sois l'heureux messager du grand Lucifer.
N'est-il pas minuit ? Viens Méphistophélès !
Veni, veni, Mephistophile !
        Entre Méphistophélès
Alors dis-moi ce qu'a dit Lucifer ton maître ?

MÉPHISTOPHÉLÈS

Que je servirai Faust tant qu'il sera en vie
À condition qu'il m'achète au prix de son âme.

FAUST

Faust l'a déjà mise en péril pour toi.

MEPHISTOPHELES

But now thou must bequeath is solemnly
35 And write a deed of gift with thine own blood,
For that security craves Lucifer.
If thou deny it, I must back to hell.

FAUSTUS

Stay, Mephistopheles, and tell me,
What good will my soul do thy lord?

MEPHISTOPHELES

40 Enlarge his kingdom.

FAUSTUS

Is that the reason why he tempts us thus?

MEPHISTOPHELES

Solamen miseris socios habuisse doloris.

FAUSTUS

Why, have you any pain, that torture other?

MEPHISTOPHELES

As great as have the human souls of men.
45 But tell me, Faustus, shall I have thy soul?
And I will be thy slave, and wait on thee,
And give thee more than thou hast wit to ask.

FAUSTUS

Ay, Mephistopheles, I'll give it him.

MEPHISTOPHELES

Then, Faustus, stab thy arm courageously,
50 And bind thy soul that at some certain day

MÉPHISTOPHÉLÈS

Mais tu dois à présent en faire un don solennel,
Et rédiger un contrat de ton propre sang,
Car Lucifer exige une telle garantie.
Si tu refuses, il me faut retourner en Enfer.

FAUST

Reste, Méphistophélès et dis-moi quel plaisir
Ton maître peut bien avoir à posséder mon âme?

MÉPHISTOPHÉLÈS

Agrandir son royaume.

FAUST

C'est donc pour cela qu'il nous tente ainsi?

MÉPHISTOPHÉLÈS

Solamen miseris socios habuisse doloris[41].

FAUST

Quoi? Vous souffrez, vous qui torturez les autres?

MÉPHISTOPHÉLÈS

Nous souffrons tout autant que les âmes humaines.
Mais dis-moi, Faust, est-ce que j'aurai ton âme?
Si c'est oui, je serai ton esclave, je te servirai et tu
                                            [auras
Plus que tout ce que tu oseras jamais demander.

FAUST

Oui, Méphistophélès, je vais te la donner.

MÉPHISTOPHÉLÈS

Alors Faust, entaille ton bras avec courage,
Et donne ton âme en gage afin qu'au jour fixé

Great Lucifer may claim it as his own,
And then be thou as great as Lucifer.

FAUSTUS [*cutting his arm*]

Lo, Mephistopheles, for love of thee
Faustus hath cut his arm, and with his proper blood
55 Assures his soul to be great Lucifer's,
Chief lord and regent of perpetual night.
View here this blood that trickles from mine arm,
And let it be propitious for my wish.

MEPHISTOPHELES

But Faustus,
60 Write it in manner of a deed of gift.

FAUSTUS

Ay, so I do. [*He writes*] But Mephistopheles,
My blood congeals, and I can write no more.

MEPHISTOPHELES

I'll fetch thee fire to dissolve it straight.
                Exit [*Mephistopheles*]

FAUSTUS

What might the staying of my blood portend?
65 Is it unwilling I should write this bill?
Why streams it not, that I may write afresh?
"Faustus gives to thee his soul"—O, there it stayed!
Why shouldst thou not? Is not thy soul thine own?
Then write again : "Faustus gives to thee his soul."
                Enter Mephistopheles with the chafer of fire

MEPHISTOPHELES

70 See, Faustus, here is fire. Set it on.

FAUSTUS

So. Now the blood begins to clear again.
Now will I make an end immediately.
                [*He writes*]

Le grand Lucifer puisse la réclamer pour sienne,
Et alors tu seras aussi puissant que lui.

FAUST [*se fait une entaille au bras*]

Vois, Méphistophélès, c'est par amour pour toi
Que Faust s'est incisé le bras et qu'avec son sang
Il offre son âme en gage au grand Lucifer,
Seigneur suprême et roi de l'éternelle nuit.
Regarde ici ce sang qui perle de mon bras,
Qu'il soit de bon augure pour exaucer mon vœu.

MÉPHISTOPHÉLÈS

Mais, Faust,
Il faut rédiger un contrat en bonne et due forme.

FAUST

Mais c'est ce que je fais. [*Il écrit*] Mais, Méphistophélès,
Mon sang se coagule, je ne peux plus écrire.

MÉPHISTOPHÉLÈS

Je cours chercher du feu pour le rendre liquide.
          Sort [*Méphistophélès*]

FAUST

Que peut bien présager ce sang qui coagule ?
Refuserait-il donc que je rédige cet acte ?
Pourquoi ne coule-t-il pas pour que je puisse écrire
« Faust te donne son âme » ? Il s'est arrêté là.
Pourquoi cela ? Mon âme ne m'appartient-elle pas ?
Alors écris à nouveau : « Faust te donne son âme. »
          Entre Méphistophélès avec une chaufferette

MÉPHISTOPHÉLÈS

Tiens, Faust, voici du feu, pose le bras dessus.

FAUST

Oui, à présent le sang recommence à couler :
Je veux mettre un point final à cette affaire.
          [*Il écrit*]

MEPHISTOPHELES [*aside*]

What will not I do to obtain his soul?

FAUSTUS

Consummatum est. This bill is ended,
75 And Faustus hath bequeathed his soul to Lucifer.
But what is this inscription on mine arm?
"Homo, fuge!" Whither should I fly?
If unto heaven, he'll throw me down to hell.—
My senses are deceived; here's nothing writ.—
80 O, yes, I see it plain. Even here is writ
"Homo, fuge!" Yet shall not Faustus fly.

MEPHISTOPHELES [*aside*]

I'll fetch him somewhat to delight his mind.
        Exit [Mephistopheles]. Enter Devils, giving
        crowns and rich apparel to Faustus; they dance,
        and then depart. Enter Mephistopheles

FAUSTUS

What means this show? Speak, Mephistopheles.

MEPHISTOPHELES

Nothing, Faustus, but to delight thy mind
85 And let thee see what magic can perform.

FAUSTUS

But may I raise such spirits when I please?

MEPHISTOPHELES

Ay, Faustus, and do greater things than these.

MÉPHISTOPHÉLÈS [*à part*]

Que ne ferais-je pas pour obtenir son âme!

FAUST

Consummatum est[42]! Cet acte est conclu,
Et Faust a légué son âme à Lucifer.
Mais quelle est cette inscription sur mon bras?
Homo fuge[43]! M'enfuir? Mais où puis-je donc aller?
Si c'est vers Dieu, il me précipitera en Enfer.
Mes sens sont abusés, je ne vois rien d'écrit.
Ah si! je vois, c'est même écrit ici,
Homo fuge! Pourtant, Faust ne s'enfuira pas.

MÉPHISTOPHÉLÈS [*à part*]

Je m'en vais lui trouver de quoi lui divertir l'esprit.
          Il sort
          Entrent des diables qui donnent à Faust des cou-
          ronnes et de riches vêtements. Ils dansent et se
          retirent
          Entre Méphistophélès

FAUST

Que signifie ce spectacle? Parle, Méphistophélès.

MÉPHISTOPHÉLÈS

Mais, Faust, ce n'est qu'un divertissement
Pour te montrer ce qu'on peut faire avec la magie.

FAUST

Moi aussi je pourrai évoquer les esprits à ma guise?

MÉPHISTOPHÉLÈS

Bien sûr, Faust, et faire bien plus encore.

FAUSTUS

[Then there's enough for a thousand souls] (A)
Then Mephistopheles, receive this scroll,
90 A deed of gift of body and of soul—
But yet conditionally that thou perform
All covenants and articles between us both.

MEPHISTOPHELES

Faustus, I swear by hell and Lucifer.
To effect all promises between us both.

FAUSTUS

95 Then hear me read it, Mephistopheles.
"On these conditions following:
First, that Faustus may be a spirit in form and substance.
Secondly, that Mephistopheles shall be his servant, and be
by him commanded.
100 *Thirdly, that Mephistopheles shall do for him and bring*
him whatsoever.
Fourthly, that he shall be in his chamber or house invi-
sible.
Lastly, that he shall appear to the said John Faustus at
105 *all times in what shape and form soever he please.*
I, John Faustus of Wittenberg, Doctor, by these presents,
do give both body and soul to Lucifer, Prince of the East,
and his minister Mephistopheles; and furthermore grant
unto them that four-and-twenty years being expired, and
110 *these articles above written being inviolate, full power to*
fetch or carry the said John Faustus, body and soul, flesh,
blood, into their habitation wheresoever.
                              By me, John Faustus."

MEPHISTOPHELES

Speak, Faustus. Do you deliver this as your deed?

FAUSTUS [*giving the deed*]

115 Ay. Take it, and the devil give thee good of it.

FAUST

[Alors voilà qui vaut mille âmes] (A)
Eh bien, Méphistophélès, reçois ce parchemin,
Où je fais don de mon corps et de mon âme
Mais à la condition que toi aussi tu respectes
Toutes les clauses et articles convenus entre nous.

MÉPHISTOPHÉLÈS

Faust, par l'Enfer et par Lucifer, je te jure
De tenir les promesses que nous avons faites.

FAUST

Alors, Méphistophélès, je vais t'en donner lecture.
Écoute :
« *Aux conditions qui suivent à savoir :*
Primo, que Faust pourra se faire esprit en forme et en
substance.
Secundo, que Méphistophélès sera son serviteur et obéira à
ses ordres.
Tertio, que Méphistophélès fera et apportera tout ce que le
soussigné demandera.
Quarto, qu'il restera invisible dans sa chambre ou dans sa
maison. Enfin, qu'il apparaîtra audit Jean Faust à toute
heure, sous la forme qu'il lui plaira de prendre.
Moi, Jean Faust de Wittenberg, Docteur, fais par la pré-
sente don de mon corps et de mon âme à Lucifer, prince de
l'Orient et à Méphistophélès, son ministre. En outre, le
terme de vingt-quatre années une fois expiré, et sous
réserve du respect des articles sus-mentionnés, je leur
donne tout pouvoir pour venir chercher ledit Jean Faust,
corps et âme, chair et sang, pour l'emmener en leur
demeure, où qu'elle se trouve.
Fait par moi, Jean Faust. »

MÉPHISTOPHÉLÈS

Parle, Faust. Tu donnes ton accord à cet acte ?

FAUST [*donnant le pacte*]

Oui. Prends-le, et que le diable te récompense pour
[cela !

MEPHISTOPHELES

So. Now, Faustus, ask me what thou wilt.

FAUSTUS

First I will question thee about hell.
Tell me, where is the place that men call hell?

MEPHISTOPHELES

Under the heavens.

FAUSTUS

120 Ay, so are all things else. But whereabouts?

MEPHISTOPHELES

Within the bowels of these elements,
Where we are tortured and remain for ever.
Hell hath no limits, nor is circumscribed
In one self place, but where we are is hell,
125 And where hell is there must we ever be.
And, to be short, when all the world dissolves,
And every creature shall be purified,
All places shall be hell that is not heaven.

FAUSTUS

I think hell's a fable.

MEPHISTOPHELES

130 Ay, think so still, till experience change thy mind.

FAUSTUS

Why, dost thou think that Faustus shall be damned?

MÉPHISTOPHÉLÈS

Bien. Maintenant, Faust, demande-moi ce que tu
[veux.

FAUST

Je souhaite d'abord te poser des questions sur l'Enfer.
Dis-moi, où est ce lieu que l'on nomme Enfer?

MÉPHISTOPHÉLÈS

Sous les cieux.

FAUST

Oui, comme toute chose. Mais plus précisément?

MÉPHISTOPHÉLÈS

Dans les entrailles de ces éléments,
Où nous sommes torturés et demeurons à jamais.
L'Enfer est sans limites, il n'est pas circonscrit
En un endroit précis, il est là où nous sommes
Et là où est l'Enfer, toujours nous devons rester.
En un mot, le jour où l'univers se dissoudra,
Et où chaque créature sera purifiée,
L'Enfer sera partout où le ciel ne sera pas.

FAUST

Moi, je pense que l'Enfer n'est qu'une fable.

MÉPHISTOPHÉLÈS

C'est ton droit! Attends donc que l'expérience te fasse
[changer d'avis.

FAUST

Pourquoi? Tu crois vraiment que Faust sera damné?

MEPHISTOPHELES

Ay, of necessity, for here's the scroll
In which thou hast given thy soul to Lucifer.

FAUSTUS

Ay, and body too. But what of that?
135 Think'st thou that Faustus is so fond to imagine
That after this life there is any pain?
No, these are trifles and mere old wives' tables.

MEPHISTOPHELES

But I am an instance to prove the contrary,
For I tell thee I am damned and now in hell.

FAUSTUS

140 [How? Now in hell?] (A)
Nay, an this be hell, I'll willingly be damned. What?
Sleeping, eating, walking, and disputing? But leaving
this, let me have a wife, the fairest maid in Germany,
for I am wanton and lascivious and cannot live
145 without a wife.

MEPHISTOPHELES

[How, a wife? I prithee, Faustus, talk not of a wife.

FAUSTUS

Nay, sweet Mephistopheles, fetch me one, for I will
have one.] (A)

MEPHISTOPHELES

Well, thou wilt have one. Sit there till I come. I'll fetch
150 thee a wife, in the devil's name.

MÉPHISTOPHÉLÈS

Bien sûr, car tu vois ici le parchemin
Où tu as donné ton âme à Lucifer.

FAUST

Ah bon? Et mon corps aussi? Mais qu'importe tout
[cela!
Crois-tu que Faust soit assez fou pour imaginer
Qu'il existe des douleurs au terme de cette vie?
Non, tout cela n'est que fariboles et contes de bonnes
[femmes.

MÉPHISTOPHÉLÈS

Mais je suis, moi, la preuve du contraire
Puisque je te dis que je suis damné et que je suis en
[Enfer.

FAUST

[Comment cela? Tu es en Enfer là maintenant?] (A)
Mais si c'est ça l'Enfer, je veux bien être damné!
Quoi! dormir et manger, aller, venir et disputer?
Allons, il suffit, il me faut une femme,
La plus belle fille d'Allemagne, je suis d'humeur lascive
Et sans épouse je suis incapable de vivre.

MÉPHISTOPHÉLÈS

[Comment ça, une épouse? Faust, je t'en prie, ne me
parle pas d'épouse!

FAUST

Mais si, mon doux Méphistophélès, va m'en chercher
une, parce que j'en ai envie.] (A)

MÉPHISTOPHÉLÈS

Soit! Tu en auras une. Reste assis là jusqu'à ce que je
revienne. Au nom du diable, je vais te chercher une
épouse.

[Exit Mephistopheles, then re-]enter with a Devil
dressed like a woman, with fire works. (A)
[Tell, Faustus, how dost thou like thy wife?] (A)

FAUSTUS

A plague on her for a hot whore! No, I'll no wife.

MEPHISTOPHELES

Marriage is but a ceremonial toy.
An if thou lovest me, think no more of it.
        [Exit Devil]
155   I'll cull thee out the fairest courtesans
And bring them every morning to thy bed.
She whom thine eye shall like, thy heart shall have,
Were she as chaste as was Penelope,
As wise as Saba, or as beautiful
160   As was bright Lucifer before his fall.
        [Presenting a book]
Here, take this book and peruse it well.
The iterating of these lines brings gold;
The framing of this circle on the ground
Brings thunder, whirlwinds, storm, and lightning.
165   Pronounce this thrice devoutly to thyself,
And men in harness shall appear to thee
Ready to execute what thou command'st.

FAUSTUS

Thanks, Mephistopheles. [Yet fain would I have a
book wherein I might behold all spells and incanta-
170   tions, that I might raise up spirits when I please.

MEPHISTOPHELES

Here they are in this book. *[There turn to them]*

[*Il sort*]
*Il rentre accompagné d'un démon déguisé en
femme, des pétards partent*
[Alors Faust! Dis-moi, comment trouves-tu ton
épouse?] (A)

FAUST

Une putain au sang chaud! Non, merci, pas d'épouse!

MÉPHISTOPHÉLÈS

Allons Faust, le mariage n'est qu'un jeu plein de
                                        [cérémonie,
Et si tu m'aimes, n'y pense plus.
       [*Le démon sort*]
J'irai choisir pour toi les plus belles courtisanes
Que je conduirai chaque matin dans ton lit.
Celle qui séduira ton œil ton cœur la possédera,
Fût-elle aussi chaste que Pénélope,
Sage comme Saba[44] ou d'une beauté aussi grande
Que celle du radieux Lucifer avant sa chute.
       [*Il lui montre un livre*]
Tiens, prends ce livre, lis-le de fond en comble.
Lis ces vers à voix haute et tu auras de l'or,
Et si tu traces ce cercle sur le sol,
Tu obtiendras le tonnerre, des typhons, la tempête et
                                        [la foudre.
Concentre-toi et prononce trois fois cette formule :
Des hommes en armes surgiront devant toi,
Prêts à exécuter ce que tu leur commanderas.

FAUST

Merci Méphistophélès! [Mais je préférerais avoir un
livre où trouver tous les charmes et les incantations,
pour évoquer les esprits quand j'en aurai envie.

MÉPHISTOPHÉLÈS

Ils sont ici dans ce livre. [*Il se tourne vers eux*]

FAUSTUS

Now would I have a book where I might see all characters and planets of the heavens, that I might know
their motions and dispositions.

MEPHISTOPHELES

175 Here they are too. [*Turn to them*]

FAUSTUS

Nay, let me have one book more—and then I have
done—wherein I might see all plants, herbs, and trees
that grow upon the earth.

MEPHISTOPHELES

Here they be.

FAUSTUS

180 O, thou art deceived.

MEPHISTOPHELES

Tut, I warrant thee. [*Turn to them*]
         [*Exeunt*]] (A)

[II.2]

Enter [Robin] the Clown [with a conjuring book]

ROBIN [*calling offstage*]

What, Dick, look to the horses there till I come again.—I
have gotten one of Doctor Faustus' conjuring books,
and now we'll have such knavery as't passes.

FAUST

Maintenant, je voudrais un autre livre où je puisse découvrir toutes les caractéristiques des planètes du ciel pour connaître leurs mouvements et leurs positions.

MÉPHISTOPHÉLÈS

Les voici. [*Il indique l'endroit*]

FAUST

Alors, donne-moi encore un livre — et j'en aurai fini — un livre où je puisse voir toutes les plantes, les herbes et les arbres qui poussent sur la terre.

MÉPHISTOPHÉLÈS

Les voici.

FAUST

Oh! tu te trompes.

MÉPHISTOPHÉLÈS

Mais non, je t'assure! [*Il lui montre l'endroit*] [*Ils sortent*]] (A)

[Scène 2]

Entre [Robin] le bouffon [avec un livre de magie]

ROBIN [*appelant en coulisses*]

Allez, Dick, veille aux chevaux là-bas, jusqu'à ce que je revienne. J'ai trouvé un des livres de magie du Docteur Faust et à c't'heure, on va faire des tours de première.

Enter Dick

DICK

What, Robin, you must come away and walk the horses.

ROBIN

5 I walk the horses? I scorn't, 'faith. I have other matters in hand. Let the horses walk themselves an they
will. [*He reads*] "A", *per se* "a"; "t", "h", "e", "the";
"o" *per se* "o"; "deny orgon, gorgon". —Keep further
from me, O thou illiterate and unlearned ostler.

DICK

10 'Snails, what hast thou got there, a book? Why, thou
canst not tell ne'er a word on't.

ROBIN

That thou shalt see presently. [*He draws a circle*] Keep
out of the circle, I say, lest I send you into the hostry,
with a vengeance.

DICK

15 That's like, 'faith! You had best leave your foolery, for
an my master come, he'll conjure, you, i'faith.

ROBIN

My master conjure me? I'll tell thee what: an my
master come here; I'll clap as fair a pair of horns on's
head as e'er thou sawest in thy life.

DICK

20 Thou need'st not do that, for my mistress hath done it.

Entre Dick

DICK

Mais non, Robin, tu dois sortir d'ici pour faire trotter les chevaux.

ROBIN

Moi, faire trotter les chevaux? Je ne m'abaisserai pas à ça, ma foi. J'ai bien d'autres affaires sur les bras. Que les chevaux aillent trotter tout seuls, si bon leur semble. [*Il lit*] *A tout seul a, l, e : le; o tout seul : o; demi, cordon, gorgeon* — Arrière, analphabète, espèce de palefrenier ignare.

DICK

Diantre, qu'est-ce que tu as là? Un livre? Mais tu n'es pas fichu d'en lire un traître mot.

ROBIN

Ça, tu vas le voir tout de suite. [*Il dessine un cercle*] Tiens-toi en dehors du cercle, je te dis, si tu ne veux pas que je te renvoie à l'auberge pour de bon.

DICK

Ma foi, c'est probable. Tu ferais mieux de laisser là tes idioties, car si le patron arrive, il te conjurera, pour sûr.

ROBIN

Mon patron, me conjurer! Je vais te dire quelque chose, moi, si le patron vient ici, je lui plante sur le front une belle paire de cornes comme il n'en a encore jamais vu de sa vie.

DICK

Ce n'est pas la peine, car la patronne l'a déjà fait.

ROBIN

Ay, there be of us here that have waded as deep into matters as other men, if they were disposed to talk.

DICK

A plague take you! I thought you did not sneak up and down after her for nothing. But I prithee tell me
25 in good sadness, Robin, is that a conjuring book?

ROBIN

Do but speak what thou'lt have me to do, and I'll do't. If thou'lt dance naked, put off thy clothes, and I'll conjure thee about presently. Or if thou'lt go but to the tavern with me, I'll give thee white wine, red wine,
30 claret wine, sack, muscadine, malmsey, and whippin-crust, hold belly hold, and we'll not pay one penny for it.

DICK

O brave! Prithee let's to it presently, for I am as dry as a dog.

ROBIN

35 Come, then, let's away.
      Exeunt

[II.3]

Enter Faustus in his study, and Mephistopheles

FAUSTUS

When I behold the heavens, then I repent
And curse thee, wicked Mephistopheles,

ROBIN

Ouais, il y en a ici qui se sont mouillés autant que
d'autres dans cette affaire s'ils voulaient bien en parler.

DICK

Que la peste t'emporte! J'ai toujours pensé que ce
n'était pas pour enfiler des perles que tu ne la quittais
pas d'une semelle. Mais, dis-moi, sincèrement, Robin,
c'est un livre de magie que tu as là?

ROBIN

Tu n'as qu'à dire ce que tu veux que je fasse et je le
fais. Si tu veux danser tout nu, déshabille-toi, et j'aurai
vite fait de te conjurer. Si tu veux seulement
m'accompagner à la taverne, je t'offre un petit blanc,
un coup de rouge, du bordeaux, du sherry, du mus-
cat, du doux ou un verre de sangria, tu t'en mets plein
la lampe, et pour pas un rond.

DICK

Sensationnel! Je t'en prie, allons-y sur-le-champ, car
je tire la langue comme un épagneul.

ROBIN

Alors, viens, allons-y.
    Ils sortent

[Scène 3]

Entre Faust dans son cabinet avec Méphistophélès

FAUST

Lorsque je contemple les cieux, alors je me repens
Et je te maudis, méchant Méphistophélès

Because thou hast deprived me of those joys.

MEPHISTOPHELES

'Twas thine own seeking, Faustus. Thank thyself.
5 But think'st thou heaven is such a glorious thing?
I tell thee, Faustus, it is not half so fair
As thou or any man that breathes on earth.

FAUSTUS

How prov'st thou that?

MEPHISTOPHELES

'Twas made for man; then he's more excellent.

FAUSTUS

10 If heaven was made for man, 'twas made for me.
I will renounce this magic and repent.
        Enter the two Angels

GOOD ANGEL

Faustus, repent! Yet God will pity thee.

BAD ANGEL

Thou art a spirit. God cannot pity thee.

FAUSTUS

Who buzzeth in mine ears I am a spirit?
15 Be I a devil, yet God may pity me;
Yea, God will pity me if I repent.

BAD ANGEL

Ay, but Faustus never shall repent.
        Exeunt Angels

Car tu m'as privé de ces félicités.

MEPHISTOPHÉLÈS

C'est de ta faute, Faust. Il faut t'en prendre à toi-
[même.
Mais penses-tu que le ciel soit chose si parfaite ?
Je peux te dire, Faust, qu'il est moitié moins beau
Que toi ou que tout homme qui respire sur terre.

FAUST

Comment prouves-tu cela ?

MEPHISTOPHÉLÈS

Le monde a été créé pour l'homme ; alors c'est
[l'homme qui est le plus beau.

FAUST

Si le ciel a été fait pour l'homme, il a été fait pour moi :
Je vais abjurer la magie et me repentir.
Entrent les deux anges

LE BON ANGE

Repens-toi, Faust ! Dieu peut encore avoir
[pitié de toi.

LE MAUVAIS ANGE

Tu es un démon : Dieu ne peut plus avoir pitié de toi.

FAUST

Qui me souffle à l'oreille que je suis un esprit ?
Même si je suis un démon, Dieu peut encore avoir
[pitié de moi,
Oui, Dieu aura pitié si j'ai du repentir.

LE MAUVAIS ANGE

C'est vrai, mais Faust jamais ne se repentira.
Sortent les anges

FAUSTUS

My heart is hardened; I cannot repent.
Scarce can I name salvation, faith, or heaven.
20 [But fearful echoes thunders in mine ears,
"Faustus, thou art dammed"; then swords and
[knives,] (A)
Swords, poison, halters, and envenomed steel
Are laid before me to dispatch myself;
And long ere this I should have done the deed,
25 Had not sweet pleasure conquered deep despair.
Have not I made blind Homer sing to me
Of Alexander's love and Oenone's death?
And hath not he that built the walls of Thebes
With ravishing sound of his melodious harp
30 Made music with my Mephistopheles?
Why should I die, then, or basely despair?
I am resolved, Faustus shall not repent.
Come, Mephistopheles, let us dispute again
And reason of divine astrology.
35 Speak. Are there many spheres above the moon?
Are all celestial bodies but one globe,
As is the substance of this centric earth?

MEPHISTOPHELES

As are the elements, such are the heavens,
Even from the moon unto the empyreal orb,
40 Mutually folded in each other's spheres,
And jointly move upon one axletree,
Whose termine is termed the world's wide pole.
Nor are the names of Saturn, Mars, or Jupiter
Feigned, but are erring stars.

FAUSTUS

45 But have they all one motion, both *situ et tempore*?

MEPHISTOPHELES

All move from east to west in four-and-twenty hours
upon the poles of the world, but differ in their motion
upon the poles of the zodiac.

FAUST

Mon cœur s'est endurci : je ne peux pas me repentir.
À peine ai-je parlé du salut, de la foi, ou des cieux
[Que des échos effrayants tonnent à mes oreilles
Et disent : « Faust est damné. » Alors fusils, poi-
                                        [gnards,] (A)
Épées, poison, cordes et acier envenimé,
Se présentent à mes yeux pour que je me suicide ;
Et il y a longtemps que j'en aurais fini
Si la douceur du plaisir n'avait vaincu mon désespoir.
Est-ce que l'aveugle Homère n'a pas chanté pour moi
Les amours d'Alexandre ou bien la mort d'Œnone[45] ?
Et celui qui bâtit les murailles de Thèbes
Aux accords enchanteurs de sa lyre mélodieuse[46],
N'a-t-il pas joué de la musique avec mon
                                        [Méphistophélès ?
Alors pourquoi mourir ou perdre tout espoir ?
Je suis résolu, Faust ne se repentira pas.
Viens, Méphistophélès, disputons à nouveau
Et parlons de la divine astrologie. Parle.
Y a-t-il beaucoup de sphères au-dessus de la lune ?
Les corps célestes ne forment-ils qu'un seul globe
Comparable à celui dont le centre est la terre ?

MÉPHISTOPHÉLÈS

Il en est des cieux comme des éléments,
De la lune jusqu'à l'empyrée,
Chacun est prisonnier de l'orbite d'un autre,
Et tous se meuvent à l'unisson sur un même axe,
Qui se termine au grand pôle du monde ;
Les noms de Saturne, de Mars ou bien de Jupiter
Ne sont pas fantaisistes : ce sont des astres errants.

FAUST

Mais sont-elles toutes soumises au même mouvement,
                        [à la fois *situ et tempore*[47] ?

MÉPHISTOPHÉLÈS

Toutes vont d'est en ouest en vingt-quatre heures par
rapport aux pôles du monde, mais les temps de leur révolution autour des pôles du zodiaque sont tous différents.

FAUSTUS

[Tush], (A) these slender questions Wagner can
[decide!
50 Hath Mephistopheles no greater skill?
Who knows not the double motion of the planets,
That the first is finished in a natural day,
The second thus: Saturn in thirty years,
Jupiter in twelve, Mars in four, the sun, Venus, and
55 Mercury in a year, the moon in twenty-eight days.
These are freshmen's questions. But tell me, hath
every sphere a dominion or *intelligentia*?

MEPHISTOPHELES

Ay.

FAUSTUS

How many heavens or spheres are there?

MEPHISTOPHELES

60 Nine: the seven planets, the firmament, and the
empyreal heaven.

FAUSTUS

But is there not *coelum igneum et crystallinum*?

MEPHISTOPHELES

No, Faustus, they be but fables.

FAUSTUS

Resolve me then in this one question: why are not
65 conjunctions, oppositions, aspects, eclipses all at one
time, but in some years we have more, in some less?

MEPHISTOPHELES

Per inaequalem motum respectu totius.

FAUST

[Bah!] (A) Wagner pourrait répondre à ces questions
[mineures :
Est-ce que Méphistophélès n'a pas plus de science ?
Qui ne connaît pas la double orbite des planètes ?
Ni que la première s'achève en un jour naturel,
Et la seconde ainsi : Saturne en trente jours,
Jupiter en douze, Mars en quatre, le Soleil, Vénus et
Mercure en une année, la Lune en vingt-huit jours.
Ce sont là des questions pour des débutants. Mais,
dis-moi, est-ce que chaque sphère a son *intelligentia*[48] ?

MÉPHISTOPHÉLÈS

Oui.

FAUST

Combien de cieux ou de sphères y a-t-il ?

MÉPHISTOPHÉLÈS

Neuf : les sept planètes, le firmament et l'empyrée.

FAUST

Mais n'y a-t-il pas un *cœlum igneum et crystallinum*[49] ?

MÉPHISTOPHÉLÈS

Non, Faust, ce ne sont que des fables.

FAUST

Alors, réponds-moi sur le point que voici : pourquoi
les conjonctions, oppositions, aspects et éclipses ne se
produisent-ils pas tous en même temps et que certaines années il y en a davantage, alors que d'autres il
y en a moins ?

MÉPHISTOPHÉLÈS

Per inaequalem motum respectu totius[50].

FAUSTUS

Well, I am answered. Now tell me who made the
world.

MEPHISTOPHELES

70 I will not.

FAUSTUS

Sweet Mephistopheles, tell me.

MEPHISTOPHELES

Move me not, Faustus.

FAUSTUS

Villain, have not I bound thee to tell me anything?

MEPHISTOPHELES

Ay, that is not against our kingdom. This is. Thou art
75 damned. Think thou of hell.

FAUSTUS

Think, Faustus, upon God, that made the world.

MEPHISTOPHELES

Remember this.
            Exit [Mephistopheles]

FAUSTUS

Ay, go, accursèd spirit, to ugly hell!
"Tis thou hast damned distressèd Faustus" soul.
80 Is't not too late?
            Enter the two Angels

BAD ANGEL

Too late.

FAUST

Bien, j'ai ma réponse. À présent, dis-moi qui a créé le monde?

MÉPHISTOPHÉLÈS

Non, je ne veux pas répondre.

FAUST

Doux Méphistophélès, dis-le-moi.

MÉPHISTOPHÉLÈS

Ah! ne m'irrite pas, Faust.

FAUST

Traître, n'es-tu pas obligé de répondre à tout ce que je te demande?

MÉPHISTOPHÉLÈS

Oui, à tout ce qui ne peut pas nuire à notre royaume. Or, c'est le cas ici. Tu es damné. Ne pense qu'à l'Enfer.

FAUST

Non, Faust, ne pense qu'à Dieu qui a créé le monde!

MÉPHISTOPHÉLÈS

Rappelle-toi cela!
    Sort [Méphistophélès]

FAUST

Oui, esprit maudit, va-t'en dans ton horrible enfer! C'est toi qui as fait damner la pauvre âme de Faust. Est-ce qu'il n'est pas trop tard?
    Entrent les deux anges

LE MAUVAIS ANGE

Si, en effet, il est trop tard.

GOOD ANGEL

Never too late, if Faustus will repent.

BAD ANGEL

If thou repent, devils will tear thee in pieces.

GOOD ANGEL

Repent, and they shall never raze thy skin.
Exeunt Angels

FAUSTUS

85 O Christ, my Saviour, my Saviour,
Help to save distressèd Faustus' soul!
Enter Lucifer, Beelzebub, and Mephistopheles

LUCIFER

Christ cannot save thy soul, for he is just.
There's none but I have int'rest in the same.

FAUSTUS

O, what art thou that look'st so terribly?

LUCIFER

90 I am Lucifer,
And this is my companion prince in hell.

FAUSTUS

O, Faustus, they are come to fetch thy soul!

BEELZEBUB

We are come to tell thee thou dost injure us.

LUCIFER

Thou call'st on Christ, contrary to thy promise.

LE BON ANGE

Il n'est jamais trop tard, si Faust veut bien se repentir.

LE MAUVAIS ANGE

Repens-toi et les diables te mettront en pièces.

LE BON ANGE

Repens-toi, tu n'auras pas une égratignure.
Sortent les anges

FAUST

Ô Christ, mon Sauveur, mon Sauveur,
Au secours, viens sauver l'âme en détresse de Faust.
Entrent Lucifer, Belzébuth et Méphistophélès

LUCIFER

Le Christ ne peut sauver ton âme car il est équitable,
Aucun autre que moi n'a de droit sur elle.

FAUST

Oh! qui es-tu, toi qui sembles si terrifiant?

LUCIFER

Je suis Lucifer.
Voici mon compagnon, prince des enfers.

FAUST

Ah! Faust, ils sont venus chercher ton âme!

BELZÉBUTH

Nous sommes venus te dire que tu nous fais du tort.

LUCIFER

Car tu appelles le Christ malgré tes promesses.

BEELZEBUB

95 Thou shouldst not think on God.

LUCIFER

Think on the devil.

BEELZEBUB

And his dam, too.

FAUSTUS

[Nor will I henceforth. Pardon me in this,
And Faustus vows never to look to heaven,
100 Never to name God or to pray to him,
To burn his Scriptures, slay his ministers,
And make my spirits pull his churches down.] (A)

LUCIFER

So shalt thou show thyself an obedient servant, and
we will highly gratify thee for it.

BEELZEBUB

105 Faustus, we are come from hell in person to show thee
some pastime. Sit down, and thou shalt behold the
Seven Deadly Sins appear to thee in their own proper
shapes and likeness.

FAUSTUS

That sight will be as pleasant to me as paradise was to
110 Adam the first day of his creation.

LUCIFER

Talk not of paradise or creation, but mark the show.
Go, Mephistopheles, fetch them in.
    [*Faustus sits, and Mephistopheles fetches the
    Sins.*] *Enter the Seven Deadly Sins*

BELZÉBUTH

Tu ne dois pas penser à Dieu.

LUCIFER

Pense au démon.

BELZÉBUTH

Et à sa femme...

FAUST

[Je ne le ferai plus. Pardonnez mon erreur,
Faust jure de ne jamais lever les yeux au ciel,
De ne jamais nommer Dieu ni le prier,
De brûler ses Écritures, d'assassiner ses prêtres,
Et d'abattre ses églises avec l'aide des esprits.] (A)

LUCIFER

Tu te montreras ainsi un fidèle serviteur
Et tu auras pour cela les plus hautes récompenses.

BELZÉBUTH

Faust, nous sommes venus en personne de l'Enfer
pour te présenter un divertissement. Assieds-toi et tu
vas voir apparaître les Sept Péchés capitaux, chacun
sous une forme fidèle à son image.

FAUST

Ce spectacle sera aussi plaisant à mes yeux que le
Paradis pour Adam, le jour de sa création.

LUCIFER

Ne parle ni de Paradis ni de création mais regarde le
spectacle. Va, Méphistophélès, fais-les entrer.
        [*Faust s'assoit. Méphistophélès va chercher les
        Péchés.*] *Entrent les Sept Péchés capitaux*

BEELZEBUB

Now, Faustus, question them of their names and dispositions.

FAUSTUS

115 That shall I soon.—What art thou, the first?

PRIDE

I am Pride. I disdain to have any parents. I am like to
Ovid's flea: I can creep into every corner of a wench.
Sometimes like a periwig I sit upon her brow; next,
like a necklace I hang about her neck; then, like a fan
120 of feathers I kiss her, and then, turning myself to a
wrought smock, do what I list. But fie, what a smell is
here! I'll not speak a word more for a king's ransom,
unless the ground be perfumed and covered with
cloth of arras.

FAUSTUS

125 Thou art a proud knave, indeed.—What are thou, the
second?

COVETOUSNESS

I am Covetousness, begotten of an old churl in a lea-
ther bag; and might I now obtain my wish, this house,
you, and all should turn to gold, that I might lock you
130 safe into my chest. O my sweet gold!

FAUSTUS

And what art thou, the third?

ENVY

I am Envy, begotten of a chimney-sweeper and an
oyster-wife. I cannot read, and therefore wish all

BELZÉBUTH

Maintenant Faust, demande à chacun son nom et son caractère.

FAUST

C'est ce que je vais faire. Qui es-tu, toi le numéro un?

ORGUEIL

Je suis l'Orgueil. Je dédaigne les parents qui m'ont engendré. Je suis comme la puce d'Ovide[51], je peux me nicher dans tous les recoins d'une donzelle. Tantôt comme une perruque, je trône sur son front, tantôt comme un collier je m'accroche à son cou; tantôt comme un éventail à plumes je lui baise les lèvres; et puis, me transformant en jupon brodé, je fais ce qui me plaît. Mais, pouah! quelle puanteur ici! Je refuse de dire un mot de plus, fût-ce pour une rançon de roi si on ne parfume pas le sol et si on ne le recouvre pas d'une tapisserie d'Arras.

FAUST

Tu es vraiment un fieffé orgueilleux. Et toi le numéro deux, qui es-tu?

AVARICE

Je suis l'Avarice, engendrée par un vieux grippe-sou dans une bourse de cuir; si je pouvais avoir ce que je désire, cette maison, vous-même et tout ce qui se trouve ici seriez changés en or afin que je puisse vous mettre sous clé dans mon coffre. Ô, mon or chéri!

FAUST

Et qui es-tu, toi le numéro trois?

ENVIE

Je suis l'Envie, engendrée par un ramoneur et une écaillère. Je ne sais pas lire, c'est pourquoi je voudrais

books burnt. I am lean with seeing others eat. O, that
135 there would come a famine over all the world, that all
might die and I live alone! Then thou shouldst see
how fat I'd be. But must thou sit and I stand? Come
down, with a vengeance!

FAUSTUS

Out, envious wretch!—But what art thou, the fourth?

WRATH

140 I am Wrath. I had neither father nor mother. I leaped
out of a lion's mouth when I was scarce an hour old,
and ever since have run up and down the world with
these case of rapiers, wounding myself when I could
get none to fight withal. I was born in hell, and look to
145 it, for some of you shall be my father.

FAUSTUS

And what art thou, the fifth?

GLUTTONY

[Who, I, sir?] (A)
I am Gluttony. My parents are all dead, and the devil
a penny they have left me but a small pension, and
150 that buys me thirty meals a day, and ten bevers—a
small trifle to suffice nature. I come of a royal pedigree. My father was a gammon of bacon, and my
mother was a hogshead of claret wine. My godfathers
were these : Peter Pickled-herring and Martin Martle-
155 mas-beef. But my godmother, O, she was an ancient
gentlewoman, [and well-beloved in every good town
and city;] (A) her name was Margery March-beer.
Now, Faustus, thou hast heard all my progeny, wilt
thou bid me to supper?

FAUSTUS

160 No, [I'll see thee hanged. Thou wilt eat up all my vic-
tuals.] (A)

qu'on brûle tous les livres. Je maigris à force de voir les autres manger. Oh! si une famine pouvait s'abattre sur le monde, que tous meurent et que je sois la seule à survivre! Tu verrais alors comme j'engraisserais. Mais pourquoi est-ce que toi tu es assis alors que moi je reste debout? Allez, ouste, descends-moi de là!

FAUST

Dehors, misérable envieuse! Mais qui es-tu, toi, le numéro quatre?

COLÈRE

Je suis la Colère. Je n'ai eu ni père ni mère. Je suis sortie de la gueule d'un lion alors que je n'étais pas âgée d'une heure et, depuis, j'arpente le monde avec ces deux rapières, me blessant moi-même quand je n'ai pas d'adversaire à combattre. Je suis née en Enfer et gare à vous car l'un de vous sera mon père.

FAUST

Et toi, qui es-tu numéro cinq?

GOURMANDISE

[Qui? moi, monsieur,] (A) je suis la Gourmandise. Mes parents sont tous morts et le diable s'ils m'ont laissé trois sous, rien qu'une maigre pension qui me paye tout juste trente repas par jour et une dizaine d'en-cas, trois fois rien pour suffire aux besoins de la nature. J'ai un pedigree royal. Mon père était un jambon fumé, ma mère une barrique de bordeaux. J'ai eu pour parrains Henri Hareng-Saur et Barnabé-le-Bœuf de la Saint-Martin. Quant à ma marraine, eh bien, c'était une dame gaillarde [aimée à la ville comme dans les villages] (A). Elle s'appelait Margot Bière-de-Mars. Maintenant que tu connais toute ma généalogie, Faust, tu m'invites à souper?

FAUST

Non! [Je préfère te voir pendue, tu vas vider ma cave et mon garde-manger.] (A)

GLUTTONY

Then the devil choke thee!

FAUSTUS

Choke thyself, glutton!—What art thou, the sixth?

SLOTH

Heigh-ho. I am Sloth. I was begotten on a sunny
165 bank, [where I have lain ever since—and you have
done me great injury to bring me from thence. Let me
be carried thither again by Gluttony and Lechery.]
(A) I'll not speak a word more for a king's ransom.

FAUSTUS

And what are you, Mistress Minx, the seventh and
170 last?

LECHERY

Who, I? I, sir? I am one that loves an inch of raw
mutton better than an ell of fried stockfish, and the
first letter of my name begins with lechery.

LUCIFER

Away, to hell, away! On, piper!
            Exeunt the Seven Sins

FAUSTUS

175 O, how this sight doth delight my soul!

LUCIFER

But Faustus, in hell is all manner of delight.

FAUSTUS

O, might I see hell and return again safe, how happy
were I then!

GOURMANDISE

Alors que le diable t'étouffe!

FAUST

Goinfre, étouffe-toi toute seule! Et, toi, qui es-tu, le numéro six?

PARESSE

Ah! aaah! [*Elle bâille.*] Je suis la Paresse. J'ai été conçue sur un rivage ensoleillé [d'où je n'ai jamais bougé depuis et vous m'avez bien dérangée en me faisant venir jusqu'ici. Que Gourmandise et Luxure me ramènent là-bas] (A). Je refuse de dire un mot de plus, fût-ce pour la rançon d'un roi.

FAUST

Et qui êtes-vous, Dame Chipie, numéro sept et la dernière du lot?

LUXURE

Qui, moi, monsieur? Je suis quelqu'un qui préfère le petit bout d'un cochon sur pied à un grand maquereau ramollo et la première lettre de mon nom est « L » comme « Luxure ».

LUCIFER

Allez, ouste, en Enfer! Et en avant la musique!
     Sortent les Sept Péchés

FAUST

Ah! ce spectacle me réjouit l'âme!

LUCIFER

Mais, Faust, l'Enfer est plein de toutes sortes de plaisirs.

FAUST

Ah, si je pouvais voir l'Enfer et en revenir indemne, comme je serais heureux!

LUCIFER

Faustus, thou shalt. At midnight I will send for thee.
180 [*Presenting a book*] Meanwhile, peruse this book, and
view it throughly, and thou shalt turn thyself into what
shape thou wilt.

FAUSTUS [*taking the book*]

Thanks, mighty Lucifer. This will I keep as chary as
my life.

LUCIFER

185 Now, Faustus, farewell [and think on the devil] (A).

FAUSTUS

Farewell, great Lucifer. Come, Mephistopheles.
Exeunt, several ways

LUCIFER

Tu le verras, Faust! On viendra te chercher à minuit.
   [*Il lui présente un livre*]
En attendant, examine ce livre, étudie-le à fond et
ensuite tu prendras la forme que tu désires.

FAUST [*prend le livre*]

Merci grand Lucifer. Je garderai ce livre aussi soi-
gneusement que ma vie.

LUCIFER

Eh bien, Faust, au revoir, [et pense au démon] (A).

FAUST

Au revoir, grand Lucifer. Viens, Méphistophélès.
   Tous sortent par différents endroits

[III. CHORUS]

Enter the Chorus

CHORUS

Learnèd Faustus,
To find the secrets of astronomy
Graven in the book of Jove's high firmament,
Did mount him up to scale Olympus' top,
5 Where, sitting in a chariot burning bright
Drawn by the strength of yokèd dragons' necks,
He views the clouds, the planets, and the stars,
The tropics, zones, and quarters of the sky,
From the bright circle of the hornèd moon
10 Even to the height of *Primum Mobile*;
And, whirling round with this circumference
Within the concave compass of the pole,
From east to west his dragons swiftly glide
And in eight days did bring him home again.
15 Not long he stayed within his quiet house
To rest his bones after his weary toil,
But new exploits do hale him out again,
And, mounted then upon a dragon's back,
That with his wings did part the subtle air,
20 He now is gone to prove cosmography,
That measures coasts and kingdoms of the earth,
And, as I guess, will first arrive at Rome
To see the pope and manner of this court
And take some part of holy Peter's feast,
25 The which this day is highly solemnized.
     Exit

[ACTE III]

Entre le chœur

LE CHŒUR

Le savant Faust,
Pour découvrir les secrets de l'astronomie
Gravés dans le livre du firmament de Jupiter,
Monte jusqu'au plus haut de l'Olympe,
Et là, installé sur un char étincelant,
Tiré par de puissants dragons attelés,
Il contemple les nuages, les planètes et les étoiles,
Les tropiques, les zones et les quartiers[52] du ciel,
Du cercle brillant de la lune cornue
Jusqu'au point culminant, le *Primum Mobile*[53];
Et, tournoyant avec cette circonférence
Dans l'espace concave limité par les pôles,
Ses dragons volent prestement d'est en ouest
Et en huit jours le ramènent chez lui.
Il reste peu de temps dans son calme logis
Pour reposer ses os après ce dur voyage
Car d'autres exploits à nouveau l'attirent au-dehors,
Et, monté sur le dos d'un dragon,
Qui de ses ailes fend l'espace éthéré,
Il s'élance pour vérifier la cosmographie
Qui mesure les rivages, la terre et ses royaumes.
Je crois que c'est à Rome qu'il arrive d'abord
Pour voir le Pape et le train de sa cour,
Et prendre part aux fêtes de Saint-Pierre[54]
Qu'en grande pompe on célèbre aujourd'hui.
    Il sort

[III.1]

Enter Faustus and Mephistopheles

FAUSTUS

Having now, my good Mephistopheles,
Passed with delight the stately town of Trier,
Environed round with airy mountaintops,
With walls of flint and deep intrenchèd lakes,
5 Not to be won by any conquering prince;
From Paris next, coasting the realm of France,
We saw the river Maine fall into Rhine,
Whose banks are set with groves of fruitful vines.
Then up to Naples, rich Campania,
10 Whose buildings, fair and gorgeous to the eye,
The streets straight forth and paved with finest brick
[Quarters the town in four equivalents,] (A)
There saw we learnèd Maro's golden tomb,
The way he cut an English mile in length
15 Through a rock of stone in one night's space.
From thence to Venice, Padua, and the east,
In one of which a sumptuous temple stands
That threats the stars with her aspiring top,
Whose frame is paved with sundry coloured stones,
20 And roofed aloft with curious work in gold.
Thus hitherto hath Faustus spent his time.
But tell me now, what resting place is this?
Hast thou, as erst I did command,
Conducted me within the walls of Rome?

MEPHISTOPHELES

25 I have, my Faustus, and for proof thereof
This is the goodly palace of the pope;
And 'cause we are no common guests
I choose his privy chamber for our use.

FAUSTUS

I hope his holiness will bid us welcome.

[Scène 1]

Entrent Faust et Méphistophélès

FAUST

Quel plaisir, mon bon Méphistophélès,
De passer ainsi la belle ville de Trèves
Environnée de montagnes aux sommets aériens,
Son enceinte de pierre et ses profondes douves,
Inviolable par un prince avide de conquêtes.
Après Paris, nous avons longé le royaume de France,
Et vu le Main se jeter dans le Rhin,
Dont les coteaux féconds sont ornés de vignobles.
Ensuite ce fut Naples, la riche Campanie,
Dont les beaux bâtiments qui réjouissent la vue,
Les rues bien droites, pavées de fines briques
[Divisent la ville en quatre parts égales]. (A)
Là, du savant Virgile nous vîmes la tombe d'or,
La galerie qu'il fit, longue d'un mille anglais,
En creusant le rocher l'espace d'une nuit[55].
De là nous allâmes à Venise, à Padoue, puis à l'est[56],
Dans l'une de ces villes, un temple somptueux
Dresse une fière coupole qui défie les étoiles,
Le sol est pavé de mosaïques de couleur,
Et la toiture est doublée d'or finement ciselé.
Voilà comme Faust a jusqu'ici passé son temps.
Mais, dis-moi, où allons-nous maintenant faire
                                            [escale ?
M'as-tu, comme je l'avais demandé,
Conduit dans l'enceinte de Rome ?

MÉPHISTOPHÉLÈS

Oui, mon cher Faust, et tu en as la preuve
Avec ce beau palais qui est celui du Pape ;
Et comme nous ne sommes ni toi ni moi des hôtes
                                            [ordinaires,
J'ai réservé pour nous sa résidence privée.

FAUST

Sa Sainteté, je l'espère, nous fera bon accueil.

MEPHISTOPHELES

30 All's one, for we'll be bold with his venison.
    But now, my Faustus, that thou mayst perceive
    What Rome contains for to delight thine eyes,
    Know that this city stands upon seven hills
    That underprop the groundwork of the same.
35 Just through the midst runs flowing Tiber's stream,
    With winding banks that cut it in two parts,
    Over the which two stately bridges lean,
    That make safe passage to each part of Rome.
    Upon the bridge called Ponte Angelo
40 Erected is a castle passing strong,
    Where thou shalt see such store of ordinance
    As that the double cannons, forged of brass,
    Do match the number of the days contained
    Within the compass of one complete year—
45 Beside the gates and high pyramides
    That Julius Caesar brought from Africa.

FAUSTUS

    Now, by the kingdoms of infernal rule,
    Of Styx, of Acheron, and the fiery lake
    Of ever-burning Phlegethon, I swear
50 That I do long to see the monuments
    And situation of bright splendent Rome.
    Come, therefore, let's away!

MEPHISTOPHELES

    Nay stay, my Faustus. I know you'd see the pope
    And take some part of holy Peter's feast,
55 The which this day with high solemnity
    This day is held through Rome and Italy
    In honour of the pope's triumphant victory.

FAUSTUS

    Sweet Mephistopheles, thou pleasest me.
    Whilst I am here on earth, let me be cloyed

MÉPHISTOPHÉLÈS

Qu'importe! on se rattrapera sur le gibier.
Et maintenant, mon cher Faust, afin de contempler
Les beautés de Rome pour le plaisir des yeux,
Sache que cette cité se dresse sur sept collines
Qui servent de soutien à ses fondations.
En son milieu coulent les flots du Tibre,
Dont le lit sinueux sépare en deux la ville :
Quatre ponts majestueux enjambent ses eaux
Et relient sans danger chaque partie de Rome.
Sur le pont qu'on appelle le Ponte Angelo,
Est construit un château, forteresse imprenable,
Où tu verras des pièces d'artillerie,
Comme ces canons doubles dans le bronze forgés
Qui sont aussi nombreux que les jours que l'on
                                              [compte
Pour aller du début à la fin d'une année.
J'ajoute les portes, les hautes pyramides
Que César rapporta de ses guerres d'Afrique.

FAUST

À présent, par tous les royaumes de l'Enfer,
Le Styx, l'Achéron et le lac de feu
Du Phlégéton toujours incandescent[57], je jure
Que je suis impatient de voir ces monuments
Et le site de la Rome éclatante et splendide.
Allons-y, partons!

MÉPHISTOPHÉLÈS

Non, reste, mon cher Faust. Je sais que tu veux voir le
                                              [Pape,
Et prendre part aux fêtes de Saint-Pierre,
Jour célébré en grande pompe, avec solennité,
Jour célébré à Rome et dans tout le pays
Pour rappeler du Pape la victoire triomphale.

FAUST

Mon doux Méphistophélès, tu me fais grand plaisir.
Tant que je suis sur terre, je veux être rassasié

60   With all things that delight the heart of man.
     My four-and-twenty years of liberty
     I'll spend in pleasure and in dalliance,
     That Faustus' name, whilst this bright frame doth
                                             [stand,
     May be admirèd through the furthest land.

MEPHISTOPHELES

65   'Tis well said, Faustus. Come, then, stand by me,
     And thou shalt see them come immediately.

FAUSTUS

     Nay, stay, my gentle Mephistopheles,
     And grant me my request, and then I go.
     Thou know'st within the compass of eight days
70   We viewed the face of heaven, of earth, and hell.
     So high our dragons soared into the air
     That, looking down, the earth appeared to me
     No bigger than my hand in quantity.
     There did we view the kingdoms of the world,
75   And what might please mine eye I there beheld.
     Then in this show let me an actor be,
     That this proud pope may Faustus' cunning see.

MEPHISTOPHELES

     Let it be so, my Faustus. But first stay
     And view their triumphs as they pass this way,
80   And then devise what best contents thy mind,
     By cunning in thine art, to cross the pope
     Or dash the pride of this solemnity—
     To make his monks and abbots stand like apes
     And point like antics at his triple crown,
85   To beat the beads about the friar's pates
     Or clap huge horns upon the cardinals' heads,
     Or any villainy thou canst devise,
     And I'll perform it, Faustus. Hark, they come.
     This day shall make thee be admired in Rome.

De tout ce qui ravit le cœur d'un être humain.
Mes vingt-quatre années de liberté,
Je veux les consacrer au jeu et au plaisir,
Et, tant que tournera la terre, je veux que le nom de
[Faust
Soit admiré partout jusqu'aux confins du monde.

MÉPHISTOPHÉLÈS

Bien dit, Faust! Allons, approche-toi,
Tu vas bientôt les voir tous arriver.

FAUST

Non, attends un peu, mon gentil Méphistophélès,
Accède à ma requête, après quoi je m'en vais.
Tu sais bien qu'en l'espace de huit jours
Nous avons vu la face du ciel, de la terre et de l'Enfer.
Nos dragons se sont envolés si haut dans les airs
Qu'en regardant vers le sol, la terre m'est apparue
Pas plus grande en surface que la main que voici.
De là nous aperçûmes les royaumes du monde
Et je pus regarder tout ce qui flattait mes yeux.
Alors dans ce spectacle laisse-moi faire l'acteur
Pour que l'orgueilleux Pape voie combien Faust est
[malin.

MÉPHISTOPHÉLÈS

Si tu veux, mon cher Faust. Mais reste d'abord
Pour voir leur procession quand ils passeront par là;
Imagine ensuite ce qui te plaît le mieux
De tous les tours de ton art pour contrarier le Pape,
Rabaisser l'orgueil de ces cérémonies,
Transformer en singes ses moines et ses abbés [58],
Qui feront des grimaces en désignant sa tiare,
Pour gifler le visage des moines avec leur chapelet,
Fixer d'énormes cornes au front des cardinaux,
Ou toute autre méchanceté que tu pourras inventer?
Tout cela, je le ferai, Faust. Attention ils arrivent!
Aujourd'hui tu vas créer l'événement à Rome.

[*They stand aside.*] *Enter the Cardinals* [*of France and Padua*] *and Bishops* [*of Lorraine and Rheims*], *some bearing crosiers, some the pillars; Monks and Friars singing their procession. Then the Pope* [*Adrian*] *and Raymond, King of Hungary, with Bruno* [*the rival Pope*] *led in chains.* [*The papal throne and Bruno's crown are borne in*]

POPE

90 Cast down our footstool.

RAYMOND

Saxon Bruno, stoop,
Whilst on thy back his holiness ascends
Saint Peter's chair and state pontifical.

BRUNO

Proud Lucifer, that state belongs to me!
But thus I fall to Peter, not to thee.
[*He kneels in front of the throne*]

POPE

95 To me and Peter shalt thou grovelling lie
And crouch before the papal dignity.
Sound trumpets, then, for thus Saint Peter's heir
From Bruno's back ascends Saint Peter's chair.
A flourish while he ascends
Thus, as the gods creep on with feet of wool
100 Long ere with iron hands they punish men,
So shall our sleeping vengeance now arise
And smite with death thy hated enterprise.
Lord Cardinals of France and Padua,
Go forthwith to our holy consistory
105 And read amongst the statutes decretal
What, by the holy council held at Trent,
The sacred synod hath decreed for him

[Ils se tiennent à l'écart] Entrent les cardinaux [de France et de Padoue] et les évêques [de Lorraine et de Reims], les uns portant la crosse, les autres le pilier[59]*. Moines et frères chantent en procession. Le Pape [Hadrien] suit derrière Raymond, roi de Hongrie, Bruno*[60]*, [le Pape rival], qui porte des chaînes*
[On apporte le trône et la couronne papale de Bruno]

LE PAPE

Installez notre marchepied.

RAYMOND

Bruno le Saxon[61], à genoux,
Tandis qu'en marchant sur ton dos sa Sainteté monte
Au siège de saint Pierre et au trône pontifical.

BRUNO

Orgueilleux Lucifer, ce trône m'appartient!
Je m'incline devant Pierre et non pas devant toi.
[Il s'agenouille devant le trône]

LE PAPE

Tu vas te prosterner à la fois devant moi et devant
[Pierre,
Et ramper face contre terre devant la dignité papale.
Alors, sonnez trompettes, car c'est ainsi que l'héritier
[de Pierre,
Sur le dos de Bruno, monte sur le trône de Pierre.
Une sonnerie de trompettes retentit pendant qu'il monte
Ainsi, de même que les dieux avancent à pas feutrés
Bien avant de punir les hommes de leur main de fer,
De même notre vengeance endormie se réveille
Elle va punir de mort ton entreprise honnie.
Seigneurs cardinaux de France et de Padoue,
Allez sur-le-champ à notre saint consistoire
Pour y trouver les décrets de notre droit canon
Que, lors du concile qui s'est tenu à Trente[62],
Notre sacré synode a arrêté à l'encontre

That doth assume the papal government
Without election and a true consent.
110 Away, and bring us word with speed.

FIRST CARDINAL

We go, my lord.
    Exeunt Cardinals

POPE

Lord Raymond—
    [*Pope Adrian and Raymond converse apart*]

FAUSTUS [*aside*]

Go haste thee, gentle Mephistopheles.
Follow the cardinals to the consistory,
115 And as they turn their superstitious books
Strike them with sloth and drowsy idleness,
And make them sleep so sound that in their shapes
Thyself and I may parley with this pope,
This proud confronter of the emperor,
120 And in despite of all his holiness
Restore this Bruno to his liberty
And bear him to the states of Germany.

MEPHISTOPHELES

Faustus, I go.

FAUSTUS

Dispatch it soon.
125 The pope shall curse that Faustus came to Rome.
    Exeunt Faustus and Mephistopheles

BRUNO

Pope Adrian, let me have some right of law.
I was elected by the emperor.

de qui prétend gouverner à la place du Pape
Sans élection ni vrai consensus.
Partez, nous voulons une réponse rapide.

PREMIER CARDINAL

Nous partons, monseigneur.
Sortent les cardinaux

LE PAPE

Seigneur Raymond —
    [Le Pape Hadrien et Raymond s'entretiennent à
    part]

FAUST *[en aparté]*

Va, hâte-toi, mon bon Méphistophélès.
Suis les cardinaux jusqu'au consistoire,
Et tandis qu'ils consultent leurs livres de superstition,
Frappe-les d'indolence et de léthargie,
Plonge-les dans un sommeil si profond que nous
                                 [deux,
Nous nous ferons passer pour eux afin de rencontrer
Ce Pape plein d'orgueil qui défie l'Empereur.
Et, en dépit de toute sa sainteté,
Nous rendrons à ce Bruno sa liberté perdue,
Et le ramenerons dans ses États d'Allemagne.

MÉPHISTOPHÉLÈS

J'y cours, Faust.

FAUST

Fais vite !
Le Pape va maudire Faust d'être venu à Rome.
Sortent Faust et Méphistophélès

BRUNO

Pape Hadrien, j'exige les droits que m'accorde la loi.
J'ai été élu par l'Empereur.

POPE

We will depose the emperor for that deed
And curse the people that submit to him.
130 Both he and thou shalt stand excommunicate
And interdict from Church's privilege
And all society of holy men.
He grows too proud in his authority,
Lifting his lofty head above the clouds,
135 And like a steeple overpeers the Church.
But we'll pull down his haughty insolence.
And as Pope Alexander, our progenitor,
Trod on the neck of German Frederick,
Adding this golden sentence to our praise,
140 "That Peter's heirs should tread on emperors
And walk upon the dreadful adder's back,
Treading the lion and the dragon down,
And fearless spurn the killing basilisk'",
So will we quell that haughty schismatic
145 And by authority apostolical
Depose him from his regal government.

BRUNO

Pope Julius swore to princely Sigismond,
For him and the succeeding popes of Rome,
To hold the emperors their lawful lords.

POPE

150 Pope Julius did abuse the Church's rights,
And therefore none of his decrees can stand.
Is not all power on earth bestowed on us?
And therefore, though we would, we cannot err.
Behold this silver belt, whereto is fixed
155 Seven golden keys fast sealed with seven seals

LE PAPE

Et pour cela nous déposerons l'Empereur,
Et que nous maudirons quiconque lui obéit.
Lui et toi serez tous deux excommuniés[63],
Privés de tous les privilèges attachés à l'Église,
Et exclus de toute la société des saints.
Il s'enorgueillit trop de son autorité,
Dressant sa tête hautaine au-dessus des nuages
Tel un clocher surmontant le toit de l'Église.
Mais nous abattrons son insolente morgue.
Comme le pape Alexandre, notre prédécesseur[64],
Est monté sur le cou de l'Allemand Frédéric,
Ajoutant cette phrase à graver en lettres d'or :
« Les héritiers de Pierre devraient piétiner les empe-
                                          [reurs,
Marcher sur le dos de l'horrible vipère,
Fouler aux pieds le lion, terrasser le dragon,
Et repousser, impavides, le mortel basilic. »
Nous étoufferons donc sa morgue schismatique,
Et, de par notre autorité apostolique,
Nous le destituerons de son pouvoir royal.

BRUNO

Le pape Jules a juré au prince Sigismond,
Que lui-même et les papes de Rome après lui,
Tiendraient les Empereurs pour leurs souverains
                                          [liges[65].

LE PAPE

Le pape Jules a outrepassé les droits de l'Église,
Et, de ses décrets, aucun n'est donc valable.
Tout le pouvoir sur terre ne nous revient-il pas ?
C'est pourquoi nous ne pourrions pas faire erreur,
Et, même si nous le voulions ainsi,
Il est impossible que nous puissions nous tromper.
Vois cette ceinture d'argent, où sont fixées
Sept clés d'or scellées de sept sceaux,

In token of our sevenfold power from heaven,
To bind or loose, lock fast, condemn, or judge,
Resign, or seal, or whatso pleaseth us.
Then he and thou and all the world shall stoop,
160 Or be assurèd of our dreadful curse
To light as heavy as the pains of hell.
     Enter Faustus and Mephistopheles, [dressed] like
     the cardinals

MEPHISTOPHELES [*aside to Faustus*]

Now tell me, Faustus, are we not fitted well?

FAUSTUS [*aside to Mephistopheles*]

Yes, Mephistopheles, and two such cardinals
Ne'er served a holy pope as we shall do.
165 But whilst they sleep within the consistory,
Let us salute his reverend fatherhood.

RAYMOND [*to the Pope*]

Behold, my lord, the cardinals are returned.

POPE

Welcome, grave fathers. Answer presently:
What have our holy council there decreed
170 Concerning Bruno and the emperor,
In quittance of their late conspiracy
Against our state and papal dignity?

FAUSTUS

Most sacred patron of the Church of Rome,
By full consent of all the synod
175 Of priests and prelates, it is thus decreed:
That Bruno and the German emperor
Be held as Lollards and bold schismatics

Emblèmes des sept pouvoirs que nous tenons du ciel,
Pour lier ou délier, enfermer, condamner ou juger,
Sceller ou desceller ou faire selon notre bon plaisir.
Lui et toi, le monde entier devront se soumettre,
Ou sinon soyez sûrs que notre terrible malédiction
S'abattra, aussi lourde que les peines de l'Enfer[66].

  *Entrent Faust et Méphistophélès [déguisés] en car-
dinaux*

MÉPHISTOPHÉLÈS [*à part à Faust*]

Alors, Faust, que dis-tu de nos habits. Ils sont super-
[bes, non?

FAUST [*à part à Méphistophélès*]

C'est vrai, Méphistophélès, et jamais pareils cardi-
[naux
N'ont servi le Saint-Père comme nous allons le faire.
Mais, tandis qu'ils sommeillent dans le consistoire,
Allons saluer le très Saint-Père.

RAYMOND [*au Pape*]

Regardez, monseigneur, les cardinaux sont de retour.

LE PAPE

Bienvenue, graves pères. Répondez-moi sur-le-
[champ :
Que disent les décrets de notre saint concile
Au sujet de l'Empereur et de Bruno,
Et du prix à payer pour leur récente conspiration
Contre notre État et notre dignité papale ?

FAUST

Très saint protecteur de l'Église de Rome,
À l'unanimité des prélats et des prêtres
Qui forment le synode, voici ce qu'on a décrété :
Que Bruno et l'Empereur d'Allemagne
Seront considérés comme Lollards[67] et dangereux
[schismatiques,

And proud disturbers of the Church's peace.
And if that Bruno by his own assent,
180 Without enforcement of the German peers,
Did seek to wear the triple diadem
And by your death to climb Saint Peter's chair,
The statutes decretal have thus decreed:
He shall be straight condemned of heresy
185 And on a pile of faggots burnt to death.

POPE

It is enough. Here, take him to your charge,
And bear him straight to Ponte Angelo,
And in the strongest tower enclose him fast.
Tomorrow, sitting in our consistory
190 With all our college of grave cardinals,
We will determine of his life or death.
Here, take his triple crown along with you
And leave it in the Church's treasury.
        [*Bruno's papal crown is given to Faustus and
        Mephistopheles*]
Make haste again, my good lord cardinals,
195 And take our blessing apostolical.

MEPHISTOPHELES [*aside*]

So, so, was never devil thus blessed before!

FAUSTUS [*aside*]

Away, sweet Mephistopheles, begone.
The cardinals will be plagued for this anon.
        Exeunt Faustus and Mephistopheles [with Bruno]

POPE

Go presently and bring a banquet forth,
200 That we may solemnize Saint Peter's feast
And with Lord Raymond, king of Hungary,
Drink to our late and happy victory.
        Exeunt

Impudents perturbateurs de la paix de l'Église.
En outre si ce Bruno a de son propre chef,
Sans y être contraint par ses pairs allemands,
Cherché à s'arroger le port de la tiare,
Et, en vous tuant, à s'emparer du trône de Pierre,
Les décrets du droit canon stipulent bien
Qu'il sera sur-le-champ accusé d'hérésie
Et mourra brûlé vif sur un tas de fagots.

LE PAPE

C'est assez. Allez, prenez-le en charge,
Menez-le de ce pas au Ponte Angelo,
Et emprisonnez-le dans la tour la plus sûre.
Demain, quand nous siégerons en notre consistoire,
Avec tout le collège des graves cardinaux,
Nous déciderons s'il doit vivre ou mourir.
N'oubliez pas de prendre sa tiare
Et de la déposer au trésor de l'Église.
    [*Il donne la couronne papale à Faust et à Méphis-
    tophélès*]
Hâtez-vous encore, mes bons seigneurs cardinaux,
Et recevez notre apostolique bénédiction.

MÉPHISTOPHÉLÈS [*à part*]

Ah çà, vraiment, jamais diable n'a encore été béni
                                              [ainsi !

FAUST [*à part*]

Partons, mon doux Méphistophélès, sauvons-nous :
Sous peu les cardinaux vont avoir des ennuis.
    Sortent Faust et Méphistophélès [avec Bruno]

LE PAPE

Allez, qu'on prépare un banquet sur-le-champ
Pour fêter solennellement la Saint-Pierre
Et boire avec seigneur Raymond, roi de Hongrie,
À l'heureuse victoire qu'on vient de remporter.
    Ils sortent

[III.2]

A sennet while the banquet is brought in. [Seats are provided at the banquet. Exeunt Attendants,] and then enter Faustus and Mephistopheles in their own shapes

MEPHISTOPHELES

Now, Faustus, come, prepare thyself for mirth.
The sleepy cardinals are hard at hand
To censure Bruno, that is posted hence
And on a proud-paced steed, as swift as thought,
5 Flies o'er the Alps to fruitful Germany,
There to salute the woeful emperor.

FAUSTUS

The pope will curse them for their sloth today,
That slept both Bruno and his crown away.
But now, that Faustus may delight his mind
10 And by their folly make some merriment,
Sweet Mephistopheles, so charm me here
That I may walk invisible to all
And do whate'er I please, unseen of any.

MEPHISTOPHELES

Faustus, thou shalt. Then kneel down presently,
        [*Faustus kneels*]
15 Whilst on thy head I lay my hand
And charm thee with this magic wand.
        [*Presenting a magic girdle*]
First wear this girdle, then appear
Invisible to all are here.
The planets seven, the gloomy air,
20 *Hell, and the Furies' forkèd hair,*
Pluto's blue fire, and Hecate's tree

[Scène 2]

Sonnerie de trompettes pendant qu'on met en place le banquet. [On apporte des sièges pour le banquet. Les serviteurs sortent] Faust et Méphistophélès entrent sans leur déguisement

MÉPHISTOPHÉLÈS

Approche, Faust. Sois prêt à t'amuser à présent !
Nos cardinaux dormeurs sont sur le point d'entrer
Pour condamner Bruno qui s'est enfui d'ici
Sur un fier destrier, vif comme la pensée :
Il traverse les Alpes vers la riche Allemagne
Pour s'en aller saluer l'Empereur affligé.

FAUST

Le Pape va les maudire pour leur paresse,
Car, pendant qu'ils dormaient
Bruno s'est enfui, emportant la couronne.
Mais maintenant, pour que Faust se délasse l'esprit
Et fasse de leur sottise un bon divertissement,
Jette-moi donc un charme, mon doux Méphistophé-
                                                              [lès,
Pour que je puisse ici demeurer invisible
Et faire ce que je veux, n'étant vu de personne.

MÉPHISTOPHÉLÈS

Tu seras obéi. Allons, Faust, à genoux, tout de suite.
         [*Faust s'agenouille*]
Pendant que sur ta tête j'impose les mains,
Ma baguette agira d'ici demain.
         [*Présente une ceinture magique*]
Porte cette ceinture et tu seras alors
Invisible au monde sous tous tes dehors :
Que les sept planètes, l'air enténébré,
L'Enfer et les Furies aux cheveux dressés,
Le feu bleuté de Pluton et l'arbre d'Hécate

With magic spells so compass thee
That no eye may thy body see.
     [Faustus rises]
So, Faustus, now, for all their holiness,
25 Do what thou wilt, thou shalt not be discerned.

FAUSTUS

Thanks, Mephistopheles. Now, friars, take heed
Lest Faustus make your shaven crowns to bleed.

MEPHISTOPHELES

Faustus, no more. See where the cardinals come.
    Enter Pope and all the lords : [Raymond, King of
    Hungary, the Archbishop of Rheims, etc., Friars
    and Attendants.] Enter the [two] Cardinals [of
    France and Padua] with a book

POPE

Welcome, lord cardinals. Come, sit down.
30 Lord Raymond, take your seat.
    [They sit]
                       Friars, attend,
And see that all things be in readiness,
As best beseems this solemn festival.

FIRST CARDINAL

First, may it please your sacred holiness
To view the sentence of the reverend synod
35 Concerning Bruno and the emperor?

POPE

What needs this question? Did I not tell you
Tomorrow we would sit i'th'consistory
And there determine of his punishment?
You brought us word even now, it was decreed
40 That Bruno and the cursèd emperor
Were by the holy council both condemned

Autour de toi dressent un rempart adéquat
Afin que nul regard vers toi ne parte.
    [*Faust se relève*]
Eh bien Faust, malgré leur sainteté, tu peux à présent
Faire ce qui te plaira, ils ne te verront pas.

FAUST

Merci, Méphistophélès. Alors, vous les moines, pre-
                                        [nez garde
Que Faust ne fasse saigner la tonsure de vos crânes.

MÉPHISTOPHÉLÈS

Faust, plus un mot. Regarde, les cardinaux arrivent.
    Entrent le Pape et tous les Seigneurs. [Raymond,
    roi de Hongrie, l'archevêque de Reims, etc. Des
    moines et des serviteurs.] Entrent les [deux] cardi-
    naux [de France et de Padoue], un livre à la main

LE PAPE

Bienvenue, seigneurs cardinaux, asseyez-vous.
Monseigneur Raymond, prenez place.
    [*Ils s'assoient*]
                                        Et vous, Frères,
Veillez à ce que tout soit prêt
Comme il convient pour cette fête solennelle.

PREMIER CARDINAL

Auparavant, plairait-il à votre Sainteté
De voir l'arrêt pris par le saint synode,
Au sujet de Bruno et de l'Empereur?

LE PAPE

Pourquoi cette question? Ne vous ai-je pas dit
Que demain nous siégerions en notre consistoire
Et que nous y fixerions la peine qu'il mérite?
Vous venez de nous dire qu'il était décrété
Que Bruno et l'Empereur maudit,
Par notre saint conseil se trouvaient condamnés

For loathèd Lollards and base schismatics.
Then wherefore would you have me view that book?

FIRST CARDINAL

Your grace mistakes. You gave us no such charge.

RAYMOND

45 Deny it not. We all are witnesses
    That Bruno here was late delivered you,
    With his rich triple crown to be reserved
    And put into the Church's treasury.

BOTH CARDINALS

By holy Paul, we saw them not.

POPE

50 By Peter, you shall die
    Unless you bring them forth immediately.—
    Hale them to prison. Lade their limbs with gyves!—
    False prelates, for this hateful treachery
    Curst be your souls to hellish misery.
            [*Exeunt Attendants with the two Cardinals*]

FAUSTUS [*aside*]

55 So, they are safe. Now, Faustus, to the feast.
    The pope had never such a frolic guest.

POPE

Lord Archbishop of Rheims, sit down with us.

ARCHBISHOP [*sitting*]

I thank your holiness.

FAUSTUS

Fall to. The devil choke you an you spare.

Comme Lollards détestés et vils schismatiques :
Alors pourquoi me faire examiner ce livre ?

PREMIER CARDINAL

Votre Grâce se trompe. Elle ne nous a pas confié cette
mission.

RAYMOND

Vous n'allez pas le nier. Nous sommes tous témoins
Qu'ici même, Bruno vous a été remis
Avec sa riche tiare à mettre de côté
Avant de la déposer au trésor de l'Église.

LES DEUX CARDINAUX

Par saint Paul, nous ne les avons pas vus.

LE PAPE

Par saint Pierre, vous allez mourir
Si vous ne les amenez pas immédiatement.
Jetez-les en prison et qu'on les mette aux fers !
Prélats félons, pour cette basse trahison,
Que votre âme soit vouée aux tourments de l'Enfer.
          [*Sortent les serviteurs, les cardinaux suivent*]

FAUST [*à part*]

Les voilà en lieu sûr. Maintenant, Faust, à la fête :
Jamais Pape n'eut plus joyeux convive.

LE PAPE

Monseigneur l'archevêque de Reims, asseyez-vous à
                                        [nos côtés.

L'ARCHEVÊQUE [*s'asseyant*]

Je remercie votre Sainteté.

FAUST

À table ! Que le diable vous étouffe si vous laissez des
                                        [restes !

POPE

60 Who's that spoke? Friars, look about.
    [*Some Friars attempt to search*]
Lord Raymond, pray fall to. I am beholding
To the bishop of Milan for this so rare a present.

FAUSTUS [*snatching the meat*]

I thank you, sir.

POPE

How now? Who snatched the meat from me?
65 Villains, why speak you not?—
My good Lord Archbishop, here's a most dainty dish
Was sent me from a cardinal in France.

FAUSTUS [*snatching the dish*]

I'll have that, too.

POPE

What Lollards do attend our holiness,
70 That we receive such great indignity?
Fetch me some wine.
    [*Wine is brought*]

FAUSTUS [*aside*]

Ay, pray do, for Faustus is adry.

POPE

Lord Raymond, I drink unto your grace.

FAUSTUS [*snatching the cup*]

I pledge your grace.

LE PAPE

Qui a parlé? Frères, regardez alentour.
          [*Certains frères essaient de chercher*]
Seigneur Raymond, je vous en prie, commencez. Je
                                                  [remercie
L'évêque de Milan pour un si beau présent.

FAUST [*s'emparant du plat*]

Merci, monsieur.

LE PAPE

Que se passe-t-il? Qui m'a arraché ce plat des mains?
Marauds, pourquoi vous taisez-vous?
Mon bon Seigneur Archevêque, voici un mets très
                                                  [délicat
Qui m'a été envoyé par un cardinal de France.

FAUST [*s'emparant du plat*]

Je vais prendre aussi celui-là.

LE PAPE

Quels Lollards servent notre Sainteté
Pour que nous subissions pareille humiliation?
Apportez-moi du vin.
          [*On apporte du vin*]

FAUST

Ah, parfait! Je vous remercie, car Faust meurt de soif.

LE PAPE

Mon bon Seigneur Raymond, je bois à votre Grâce.

FAUST [*s'emparant de la coupe*]

À la santé de votre Grâce.

POPE

75 My wine gone, too? Ye lubbers, look about
And find the man that doth this villainy,
Or by our sanctitude you all shall die!—
   [*Some Friars search about*]
I pray, my lords, have patience at this troublesome
banquet.

ARCHBISHOP

80 Please it your holiness, I think it be some ghost crept
out of purgatory and now is come unto your holiness
for his pardon.

POPE

It may be so.
Go, then, command our priests to sing a dirge
85 To lay the fury of this same troublesome ghost.
   [*Exit one. The Pope crosses himself*]

FAUSTUS

How now? Must every bit be spicèd with a cross?
   [*The Pope crosses himself again*]
Nay, then, take that!
   [*Faustus gives the Pope a blow on the head*]

POPE

O, I am slain! Help me, my lords.
O, come and help to bear my body hence.
90 Damned be this soul for ever for this deed!
   Exeunt the Pope and his train

MEPHISTOPHELES

Now, Faustus, what will you do now? For I can tell
you you'll be cursed with bell, book, and candle.

LE PAPE

Mon vin, envolé lui aussi ? Imbéciles, ouvrez l'œil
Et trouvez-moi le responsable de cet affront,
Ou, par notre Sainteté, vous allez tous mourir.
       [*Quelques moines cherchent tout autour*]
S'il vous plaît, mes seigneurs, montrez-vous indul-
gents pour ce banquet quelque peu perturbé.

L'ARCHEVÊQUE

Votre Sainteté, c'est sans doute là quelque âme en
peine, venue du purgatoire implorer son pardon de
votre Sainteté.

LE PAPE

C'est possible :
Ordonnez à nos prêtres de dire un Requiem
Pour calmer la fureur de ce fâcheux fantôme.
Encore une fois, monseigneur, poursuivez ce repas.
       [*Il sort. Le Pape se signe*]

FAUST

Eh bien quoi ? Faut-il que chaque bouchée soit assai-
                    [sonnée du signe de la croix ?
Bon, je vous préviens, ne recommencez pas.
       [*Le Pape se signe à nouveau*]
Très bien, alors, prends ça !
       [*Faust lui donne un coup sur la tête*]

LE PAPE

Oh, je suis assassiné ! Aidez-moi mes seigneurs,
Venez chercher mon corps pour l'emmener loin d'ici.
Maudite soit l'âme de celui qui a fait ça.
       Sortent le Pape et sa suite

MÉPHISTOPHÉLÈS

Et, maintenant, Faust, que vas-tu faire ? Car je peux
t'assurer que tu seras maudit avec cloche, bible et
cierge[68]

FAUSTUS

Bell, book, and candle; candle, book, and bell,
Forward and backward, to curse Faustus to hell.

*Enter the Friars with bell, book, and candle, for
the dirge*

FIRST FRIAR

95 Come, brethren, let's about our business with good
[devotion.

[The Friars chant]
Cursèd be he that stole his holiness' meat from the
[table.
Maledicat Dominus!
Cursèd be he that struck his holiness a blow on the
[face.
Maledicat Dominus!
Cursèd be he that struck Friar Sandelo a blow on the
[pate.
Maledicat Dominus!
Cursèd be he that disturbeth our holy dirge.
Maledicat Dominus!
100 Cursèd be he that took away his holiness' wine.
Maledicat Dominus!

*[Faustus and Mephistopheles] beat the Friars,
fling firework[s] among them, and exeunt*

[III.3]

Enter Clown [Robin], and Dick with a cup

DICK

Sirrah Robin, we were best look that your devil can
answer the stealing of this same cup, for the Vintner's
boy follows us at the hard heels.

ROBIN

'Tis no matter. Let him come. An he follow us, I'll so
5 conjure him as he was never conjured in his life, I
warrant him. Let me see the cup.

FAUST

Cloche, bible et cierge, cierge, bible et cloche,
Une fois à l'endroit, une fois à l'envers,
Tout ça pour envoyer le cher Faust en Enfer.

> *Entrent les moines avec une cloche, la Bible et un cierge, pour le Requiem*

PREMIER MOINE

Allons, mes frères, attaquons cet office avec dévotion.
  [*Les moines chantent*]
Maudit soit celui qui a volé la nourriture de sa Sain-
                                              [teté.
Maledicat Dominus!
Maudit soit celui qui a frappé sa Sainteté.
Maledicat Dominus!
Maudit soit celui qui a frappé le crâne de Frère San-
                                              [dale.
Maledicat Dominus!
Maudit soit celui qui troublera notre saint Requiem.
Maledicat Dominus!
Maudit soit celui qui a emporté le vin de sa Sainteté.
Maledicat Dominus!

> [*Faust et Méphistophélès*] *frappent les moines et lancent des pétards au milieu d'eux et ils sortent*

[Scène 3]

Entrent le bouffon [*Robin*] *et Dick avec un gobelet*

DICK

Mon vieux Robin, on ferait mieux de mettre sur le compte de ton diable le vol de ce gobelet, car le valet du tavernier est sur nos talons.

ROBIN

Ça ne fait rien, qu'il se ramène! S'il nous suit, je vais lui jeter un sort, comme on ne lui en a jamais jeté de sa vie, je te le garantis. Fais-moi voir le gobelet.

Enter Vintner

DICK [*giving the cup to Robin*]

Here 'tis. Yonder he comes. Now, Robin, now or never show thy cunning.

VINTNER

O, are you here? I am glad I have found you. You are
10 a couple of fine companions! Pray, where's the cup you stole from the tavern?

ROBIN

How, how? We steal a cup? Take heed what you say. We look not like cup-stealers, I can tell you.

VINTNER

Never deny't, for I know you have it, and I'll search
15 you.

ROBIN

Search me? Ay, and spare not. [*Aside to Dick, tossing him the cup*] Hold the cup, Dick. [*To the Vintner*] Come, come, search me, search me.
      [*The Vintner searches Robin*]

VINTNER [*to Dick*]

Come on, sirrah, let me search you now.

DICK

20 Ay, ay, do, do. [*Aside to Robin, tossing him the cup*] Hold the cup, Robin. [*To the Vintner*] I fear not your searching. We scorn to steal your cups, I can tell you.
      [*The Vintner searches Dick*]

Entre le tavernier

DICK [*donne le gobelet à Robin*]

Voilà le tavernier qui arrive! Alors Robin, c'est le moment ou jamais de montrer ce que tu sais faire.

LE TAVERNIER

Ah, vous voilà! Je suis content de vous avoir trouvés. Vous faites une jolie paire de larrons! Où est, s'il vous plaît, le gobelet que vous avez volé à la taverne?

ROBIN

Eh là! eh là! Nous, voler un gobelet? Attention à ce que vous dites! Est-ce qu'on ressemble à des voleurs de gobelets, non, mais je vous demande un peu?

LE TAVERNIER

C'est pas la peine de nier, je sais que vous l'avez, et je vais vous fouiller.

ROBIN

Me fouiller? Allez-y, il faut pas vous gêner. [*En aparté à Dick*] Tiens, attrape le gobelet, Dick. [*Au tavernier*] Allez-y fouillez-moi!
        [*Le tavernier le fouille*]

LE TAVERNIER [*à Dick*]

À ton tour mon bonhomme, je m'en vais te fouiller à présent.

DICK

D'accord, d'accord, ne vous gênez pas. [*En aparté à Robin*] Tiens, Robin, attrape le gobelet. [*Au tavernier*] J'ai pas peur d'être fouillé. On n'en est pas à vous voler des gobelets, croyez-moi.
        [*Le tavernier le fouille*]

VINTNER

Never outface me for the matter, for sure the cup is
between you two.

ROBIN [*brandishing the cup*]

25 Nay, there you lie. 'Tis beyond us both.

VINTNER

A plague take you! I thought 'twas your knavery to
take it away. Come, give it me again.

ROBIN

Ay, much! When, can you tell? Dick, make me a
circle, and stand close at my back, and stir not for thy
30 life. [*Dick makes a circle*] Vintner, you shall have your
cup anon. Say nothing, Dick.
"O" per se "o", Demogorgon, Belcher, and Mephistopheles!
          Enter Mephistopheles. [*Exit the Vintner, running*]

MEPHISTOPHELES

You princely legions of infernal rule,
35 How am I vexèd by these villains' charms!
From Constantinople have they brought me now
Only for pleasure of these damnèd slaves.

ROBIN

By Lady, sir, you have had a shrewd journey of it.
Will it please you to take a shoulder of mutton to sup-
40 per and a tester in your purse, and go back again?

DICK

Ay, I pray you heartily, sir, for we called you but in
jest, I promise you.

LE TAVERNIER

Pas la peine de la ramener avec moi, j'suis bien sûr qu'à vous deux vous avez mon gobelet.

ROBIN [*tenant le gobelet à bout de bras*]

Non, c'est pas vrai ! J'en fais ni une ni deux[69].

LE TAVERNIER

La peste vous emporte ! M'est avis que c'est bien des canailles dans votre genre qui me l'ont volé. Allez, rendez-le-moi !

ROBIN

Tiens, mon œil ! Quand est-ce qu'on te l'aurait pris, t'as idée ? Dick, trace-moi un cercle, tiens-toi tout contre moi et ne bouge sous aucun prétexte. [*Dick, trace un cercle*] Tavernier, vous allez l'avoir votre gobelet et tout de suite. Pas un mot Dick ! *Ô per se, ô* Demogorgon, Belcher et Méphistophélès !

    Entre Méphistophélès
    [*Sort le tavernier en courant*]

MÉPHISTOPHÉLÈS

Oh, vous légions princières de l'empire infernal,
Que je suis vexé d'obéir à ces vauriens !
On m'a fait revenir depuis Constantinople
Pour l'unique plaisir de ces fichus minables.

ROBIN

Dame, c'est que ça a dû être un pénible voyage ! Est-ce que ça vous dirait une épaule de mouton pour souper avec six sous dans l'escarcelle avant de repartir ?

DICK

Ça pour sûr, monsieur, c'est de bon cœur car, si on vous a appelé, c'était seulement pour de rire, je vous assure.

MEPHISTOPHELES

To purge the rashness of this cursèd deed,
First, [*To Dick*] be thou turnèd to this ugly shape,
45 For apish deeds transformèd to an ape.
         [*Dick is transformed in shape*]

ROBIN

O brave, an ape! I pray, sir, let me have the carrying
of him about to show some tricks.

MEPHISTOPHELES

And so thou shalt. Be thou transformed to a dog, and
carry him upon thy back. Away, begone!
         [*Robin is transformed in shape*]

ROBIN

50 A dog? That's excellent. Let the maids look well to
their porridge pots, for I'll into the kitchen presently.
Come, Dick, come.
         Exeunt the two Clowns [*with Dick on Robin's
         back*]

MEPHISTOPHELES

Now with the flames of ever-burning fire
I'll wing myself and forthwith fly amain
55 Unto my Faustus, to the Great Turk's court.
         Exit

MÉPHISTOPHÉLÈS

Vous allez payer l'insolence de votre maudit caprice.
    [*À Dick*]
Je commence par toi et tu vas être changé en une
                                    [forme hideuse :
Pour tes singeries, je te transforme en singe.
    [*Dick est métamorphosé*]

ROBIN

En singe? Mais comme c'est bien! S'il vous plaît,
monsieur, laissez-moi l'emmener avec moi, je lui ferai
faire des tours.

MÉPHISTOPHÉLÈS

C'est ce que tu vas devoir faire. Quant à toi, je te
transforme en chien et tu vas le porter sur ton dos.
Allez, fichez-moi le camp!
    [*Robin est métamorphosé*]

ROBIN

En chien? Très bonne idée. Les filles de la cuisine
devront veiller à leur porridge, et je file à l'instant aux
cuisines. Allez, viens, Dick.
    Sortent les deux bouffons [*Dick à califourchon sur*
    Robin]

MÉPHISTOPHÉLÈS

Maintenant, grâce aux flammes du feu éternel,
Je mets mes ailes et je vole retrouver
Mon cher Faust à la cour du Grand Turc.
    Il sort

[IV. CHORUS]

[Enter Chorus

CHORUS

When Faustus had with pleasure ta'en the view
Of rarest things and royal courts of kings,
He stayed his course and so returnèd home,
Where such as bear his absence but with grief—
5 I mean his friends and nearest companions—
Did gratulate his safety with kind words.
And in their conference of what befell,
Touching his journey through the world and air,
They put forth questions of astrology,
10 Which Faustus answered with such learnèd skill
As they admired and wondered at this wit.
Now is his fame spread forth in every land.
Amongst the rest the emperor is one,
Carolus the Fifth, at whose palace now
15 Faustus is feasted 'mongst his noblemen.
What there he did in trial of his art
I leave untold, your eyes shall see performed.
          Exit] (A)

[IV.1]

Enter Martino and Frederick at several doors

MARTINO

What ho, officers, gentlemen!
Hie to the presence to attend the emperor!

[ACTE IV]

Quand Faust eut pris plaisir à embrasser des yeux
Les choses les plus belles et mainte cour royale,
Il arrêta ses voyages et s'en revint chez lui
Où tous ceux qui souffraient de sa longue absence
— Je veux dire ses amis et proches compagnons —
Lui dirent toute leur joie de le voir sain et sauf;
Et, en parlant de ce qui était advenu
Au cours de ses voyages sur terre et dans les airs,
Ils posèrent des questions sur l'astrologie
Auxquelles Faust répondit avec tant d'à-propos
Qu'ils furent émerveillés, ravis de son savoir.
À présent son renom a gagné tous les pays,
L'Empereur est conquis, oui Charles Quint l'admire
Puisque c'est dans son palais qu'aujourd'hui
Faust est fêté au sein de la noblesse.
Mais ce qu'il fit pour prouver ses talents,
Je ne vais pas le dire, vous le verrez vous-mêmes.
        Il sort] (A)

[Scène 1]

Entrent Martino et Frédéric par des portes différentes

MARTINO

Holà, officiers, gentilshommes !
Vite à la salle du trône, pour escorter l'Empereur !

Good Frederick, see the rooms be voided straight;
His majesty is coming to the hall.
5 Go back, and see the state in readiness.

FREDERICK

But where is Bruno, our elected pope,
That on a Fury's back came post from Rome?
Will not his grace consort the emperor?

MARTINO

O, yes, and with him comes the German conjurer,
10 The learnèd Faustus, fame of Wittenberg,
The wonder of the world for magic art;
And he intends to show great Carolus
The race of all his stout progenitors,
And bring in presence of his majesty
15 The royal shapes and warlike semblances
Of Alexander and his beauteous paramour.

FREDERICK

Where is Benvolio?

MARTINO

Fast asleep, I warrant you.
He took his rouse with stoups of Rhenish wine
20 So kindly yesternight to Bruno's health
That all this day the sluggard keeps his bed.

FREDERICK

See, see, his window's ope. We'll call to him.

MARTINO

What ho, Benvolio!
*Enter Benvolio above at a window, in his night-
cap, buttoning*

BENVOLIO

What a devil ail you two?

Mon bon Frédéric, faites évacuer ces lieux,
Dépêchez-vous, sa Majesté arrive au château.
Retournez et veillez à ce que tout soit prêt.

FRÉDÉRIC

Mais où est donc Bruno, le Pape élu par nous,
Revenu de Rome au galop sur le dos d'une Furie ?
Sa Grâce ne va-t-elle pas escorter l'Empereur ?

MARTINO

Si, il arrive avec ce magicien allemand,
Le savant Faust, gloire de Wittenberg,
Dont la magie émerveille le monde.
À l'intention du grand Charles Quint il désire
Montrer la lignée de ses nobles ancêtres,
Et faire apparaître devant sa Majesté
Les ombres royales et l'image martiale
D'Alexandre le Grand et de sa belle maîtresse.

FRÉDÉRIC

Où est Benvolio ?

MARTINO

Il dort à poings fermés, ça c'est sûr.
Il a fait la fête et bu tant de vin de Rhénanie
Hier soir, pour trinquer à la santé de Bruno,
Que toute la journée ce paresseux est resté au lit.

FRÉDÉRIC

Regardez, sa fenêtre est ouverte. On va l'appeler.

MARTINO

Holà ! Benvolio !
> *Benvolio apparaît en bonnet de nuit, en haut à
> une fenêtre, boutonnant ses vêtements*

BENVOLIO

Quel diable vous a piqués tous les deux ?

MARTINO

25 Speak softly, sir, lest the devil hear you;
    For Faustus at the court is late arrived,
    And at his heels a thousand Furies wait
    To accomplish whatsoever the doctor please.

BENVOLIO

What of this?

MARTINO

30 Come, leave thy chamber first, and thou shalt see
    This conjurer perform such rare exploits
    Before the pope and royal emperor
    As never yet was seen in Germany.

BENVOLIO

Has not the pope enough of conjuring yet?
35 He was upon the devil's back late enough;
    And if he be so far in love with him,
    I would he would post with him to Rome again.

FREDERICK

Speak, wilt thou come and see this sport?

BENVOLIO

                                                    Not I.

MARTINO

Wilt thou stand in thy window and see it, then?

BENVOLIO

40 Ay, an I fall not asleep i'th' meantime.

MARTINO

The emperor is at hand, who comes to see

MARTINO

Parlez bas, monsieur, de peur que le diable vous
                                        [entende !
Car Faust, depuis peu, est arrivé à la cour ;
À ses talons se pressent un millier de Furies
Pour satisfaire le moindre désir du docteur.

BENVOLIO

Et alors ?

MARTINO

Viens, quitte d'abord ta chambre et tu verras
Ce magicien faire des prouesses si étonnantes
En présence du Pape et du royal Empereur,
Du jamais vu jusqu'ici en Allemagne.

BENVOLIO

Le Pape n'en a-t-il pas assez de la magie ?
Il y a peu encore il chevauchait le diable,
Et, s'il l'aime autant que ça,
Qu'il rentre à Rome avec lui à cheval.

FRÉDÉRIC

Réponds, tu veux venir voir ce spectacle ?

BENVOLIO

                                        Non merci.

MARTINO

Alors, tu veux rester à ta fenêtre pour regarder ?

BENVOLIO

Exactement, à condition que je ne me rendorme pas
                                        [avant.

MARTINO

L'Empereur est tout près, sa Majesté vient voir

What wonders by black spells may compassed be.

BENVOLIO

Well, go you attend the emperor. I am content for this
once to thrust my head out at a window, for they say if
45 a man be drunk overnight the devil cannot hurt him in
the morning. If that be true, I have a charm in my
head shall control him as well as the conjurer, I warrant you.

> Exeunt [Frederick and Martino. Benvolio
> remains at his window.] A sennet. [Enter] Charles
> the German Emperor, Bruno, [the Duke of]
> Saxony, Faustus, Mephistopheles, Frederick,
> Martino, and Attendants. [The Emperor sits in
> his throne]

EMPEROR

Wonder of men, renowned magician,
50 Thrice-learnèd Faustus, welcome to our court.
This deed of thine, in setting Bruno free
From his and our professèd enemy,
Shall add more excellence unto thine art
Than if by powerful necromantic spells
55 Thou couldst command the world's obedience.
For ever be beloved of Carolus.
And if this Bruno thou hast late redeemed
In peace possess the triple diadem
And sit in Peter's chair, despite of chance,
60 Thou shalt be famous throught all Italy
And honoured of the German emperor.

FAUSTUS

These gracious words, most royal Carolus,
Shall make poor Faustus to his utmost power
Both love and serve the German emperor
65 And lay his life at holy Bruno's feet.
For proof whereof, if so your grace be pleased,

Les merveilles que la magie noire peut accomplir.

BENVOLIO

Bien, occupez-vous de l'Empereur. Pour cette fois, je me contente de mettre la tête à la fenêtre, car on dit que si un homme est ivre le soir, le diable ne peut rien contre lui le lendemain. Si c'est vrai, je vous assure que j'ai dans la tête un charme plus fort, je vous jure, que diable et magicien réunis.

> *Sortent [Frédéric et Martino. Benvolio reste à sa fenêtre] Fanfares de trompettes. [Entrent] Charles, l'Empereur d'Allemagne, Bruno, [le duc de] Saxe, Faust, Méphistophélès, Frédéric, Martino et des serviteurs [L'Empereur siège sur son trône]*

L'EMPEREUR

Homme prodige, célèbre magicien,
Très savant Faust, bienvenue à notre cour.
L'exploit que tu as accompli en délivrant Bruno
Des mains de son ennemi qui est aussi le nôtre,
Ajoutera plus à l'excellence de ton art
Que si, par les puissants charmes des nécromants,
Tu pouvais dominer et soumettre le monde.
Tu auras l'éternelle reconnaissance de Charles
Si ce Bruno, que tu viens de sauver,
Peut s'emparer pacifiquement de la tiare
Et siéger sur le trône de Pierre en dépit des hasards,
Tu deviendras célèbre dans toute l'Italie,
Et tu seras honoré par l'Empereur d'Allemagne.

FAUST

Ces aimables paroles, très royal Charles,
Feront que l'humble Faust mettra tout son pouvoir
À aimer et servir l'Empereur d'Allemagne,
Et à mettre sa vie aux pieds du révérend Bruno.
Pour en donner la preuve, s'il plaît à votre Altesse,

The doctor stands prepared by power of art
To cast his magic charms, that shall pierce through
The ebon gates of ever-burning hell
70 And hale the stubborn Furies from their caves
To compass whatsoe'er your grace commands.

BENVOLIO [*aside, at the window*]

'Blood, he speaks terribly. But for all that, I dot not
greatly believe him. He looks as like a conjurer as the
pope to a costermonger.

EMPEROR

75 Then, Faustus, as thou late didst promise us,
We would behold that famous conqueror
Great Alexander and his paramour
In their true shapes and state majestical,
That we may wonder at their excellence.

FAUSTUS

80 Your majesty shall see them presently.—
[*Aside to Mephistopheles*] Mephistopheles, away,
And with a solemn noise of trumpet's sound
Present before this royal emperor
Great Alexander and his beauteous paramour.

MEPHISTOPHELES [*aside to Faustus*]

85 Faustus, I will.
[*Exit Mephistopheles*]

BENVOLIO [*at the window*]

Well, Master Doctor, an your devils come not away
quickly, you shall have me asleep presently. Zounds, I
could eat myself for anger to think I have been such
an ass all this while, to stand gaping after the devil's
90 governor and can see nothing.

FAUSTUS [*aside*]

I'll make you feel something anon, if my art fail me
not.—

Le docteur se tient prêt, par le pouvoir de son art,
À lancer ses charmes magiques pour transpercer
Les portes d'ébène de l'Enfer toujours en feu,
Et tirer de leur antre les rebelles Furies
Pour dévoiler tout ce qu'ordonnera votre Grâce.

BENVOLIO [*en aparté, à sa fenêtre*]

Bon sang! Quelles terrifiantes paroles! Malgré tout, je
n'ai guère confiance en lui. Il ressemble à un magicien
comme le Pape à une marchande des quatre-saisons.

L'EMPEREUR

Eh bien, Faust, comme tu nous l'as promis tout à
                                              [l'heure,
Nous aimerions bien voir ce fameux conquérant,
Le Grand Alexandre et aussi sa maîtresse,
Tels qu'ils étaient vraiment, en toute majesté,
Pour pouvoir admirer toutes leurs perfections.

FAUST

Votre Majesté va les voir sur-le-champ.
    [*En aparté, à Méphistophélès*] Va, Méphistophélès,
Et, aux accents solennels de la fanfare,
Présente devant le royal Empereur,
Alexandre le Grand et sa belle maîtresse.

MÉPHISTOPHÉLÈS [*en aparté, à Faust*]

Faust, j'y cours.
    [*Sort Méphistophélès*]

BENVOLIO [*à la fenêtre*]

Dites-moi, Maître Docteur, si vos démons n'arrivent
pas tout de suite, vous allez m'endormir! Que diable,
je me ronge le sang de colère rien qu'à l'idée d'avoir
fait l'âne à bâiller ainsi tout ce temps devant le gouverneur du diable. Tout ça, pour ne rien voir du tout!

FAUST [*en aparté*]

Attends, ça ne va pas tarder si mon art ne me trahit
pas.

[*To Emperor*] My lord, I must forewarn your majesty
That when my spirits present the royal shapes
95 Of Alexander and his paramour,
Your grace demand no questions of the king,
But in dumb silence let them come and go.

EMPEROR

Be it as Faustus please. We are content.

BENVOLIO [*at the window*]

Ay, ay, and I am content too. An thou bring Alexan-
100 der and his paramour before the emperor, I'll be
Actaeon and turn myself to a stag.

FAUSTUS [*aside*]

And I'll play Diana and send you the horns presently.
[*Enter Mephistopheles.*] *A sennet. Enter at one
[door] the Emperor Alexander, at the other
Darius. They meet; Darius is thrown down.
Alexander kills him, takes off his crown, and, offer-
ing to go out, his Paramour meets him. He embra-
ceth her and sets Darius' crown upon her head;
and, coming back, both salute the [German]
Emperor, who, leaving his state, offers to embrace
them, which Faustus seeing suddenly stays him.
Then trumpets cease and music sounds*
My gracious lord, you do forget yourself.
These are but shadows, not substantial.

EMPEROR

105 O, pardon me. My thoughts are so ravishèd
With sight of this renownèd emperor
That in mine arms I would have compassed him.

[*À l'Empereur*]
Monseigneur, je dois avertir votre Majesté,
Que lorsque mes esprits joueront les royales personnes
D'Alexandre et de sa maîtresse,
Votre Grâce ne devra poser aucune question au roi,
Mais il faudra les laisser entrer et sortir sans un mot.

L'EMPEREUR

C'est comme Faust voudra. Cela nous va très bien.

BENVOLIO [*à la fenêtre*]

Oui, d'accord, moi aussi je suis satisfait. Si tu fais
apparaître Alexandre et sa maîtresse devant l'Empereur, je veux bien être Actéon et être changé en cerf [70].

FAUST [*en aparté*]

Et moi Diane qui vais sans tarder te faire pousser des
cornes.

> [*Entre Méphistophélès*] *Fanfare. Entrent* [*d'un
> côté*] *l'empereur Alexandre et, de l'autre, Darius.
> Ils s'affrontent; Darius est jeté à terre. Alexandre
> le tue, prend sa couronne et s'apprête à sortir
> quand sa maîtresse vient à sa rencontre. Il l'étreint
> et lui met sur la tête la couronne de Darius; ils
> reviennent tous les deux pour saluer l'Empereur
> [*d'Allemagne*] qui se lève de son trône et s'apprête
> à les serrer contre lui, à la vue de quoi Faust
> l'arrête brusquement. Alors les trompettes se
> taisent et on entend de la musique.*

Mon gracieux seigneur, vous avez oublié mes paroles :
Ce ne sont que des ombres, elles n'ont point de subs-
[tance.

L'EMPEREUR

Oui, veuillez me pardonner. Mon esprit
Était tellement saisi de voir ce célèbre empereur,
Que j'aurais voulu le serrer dans mes bras.

But Faustus, since I may not speak to them
To satisfy my longing thoughts at full,
110 Let me this tell thee : I have heard it said
That this fair lady, whilst she lived on earth,
Had on her neck a little wart or mole.
How may I prove that saying to be true?

FAUSTUS

Your majesty may boldly go and see.

EMPEROR [*making an inspection*]

115 Faustus, I see it plain,
And in this sight thou better pleasest me
Than if I gained another monarchy.

FAUSTUS [*to the spirits*]

Away, begone!
    Exit Show
See, see, my gracious lord, what strange beast is yon,
120 that thrusts his head out at window.
    [*Benvolio is seen to have sprouted horns*]

EMPEROR

O wondrous sight! See, Duke of Saxony,
Two spreading horns most strangely fastenèd
Upon the head of young Benvolio.

SAXONY

What, is he asleep, or dead?

FAUSTUS

125 He sleeps, my lord, but dreams not of his horns.

EMPEROR

This sport is excellent. We'll call and wake him.—
What ho, Benvolio!

Mais Faust, puisque je ne puis pas leur parler
Pour satisfaire toute ma curiosité,
Laisse-moi te dire ceci : j'ai ouï dire
Que cette belle, donc, quand elle était sur terre,
Avait au cou une petite verrue ou un grain de beauté.
Comment savoir si oui ou non cette légende est vraie ?

FAUST

Votre Majesté peut aller voir sans crainte.

L'EMPEREUR [*Il va l'examiner*]

Oui, Faust, je la vois, c'est très net,
Et le fait d'avoir pu l'observer me fait plus plaisir
Que si je conquérais un autre empire.

FAUST [*aux esprits*]

Allez-vous-en ! Disparaissez !
    Sort la pantomime
Mais regardez, gracieux Seigneur, quelle est cette
étrange bête là-bas qui passe la tête à la fenêtre ?
    [*On aperçoit des cornes qui ont poussé sur le crâne
    de Benvolio*]

L'EMPEREUR

Ah oui, quel spectacle étonnant ! Regardez, duc de
                                   [Saxe,
Ces deux énormes cornes bizarrement fixées
Sur le crâne du jeune Benvolio.

LE DUC DE SAXE

Eh bien quoi, il dort ou il est mort ?

FAUST

Il dort, Monseigneur, mais il ne rêve pas à ses cornes.

L'EMPEREUR

Que cette farce est drôle ! Appelons-le pour le réveil-
                                   [ler.
Holà, Benvolio !

BENVOLIO

A plague upon you! Let me sleep a while.

EMPEROR

I blame thee not to sleep much, having such a head of
130 thine own.

SAXONY

Look up, Benvolio. 'Tis the emperor calls.

BENVOLIO

The emperor? Where? O, zounds, my head!

EMPEROR

Nay, an thy horns hold, 'tis no matter for thy head, for
that's armed sufficiently.

FAUSTUS

135 Why, how now, sir knight? What, hanged by the
horns? This is most horrible. Fie, fie, pull in your
head, for shame. Let not all the world wonder at you.

BENVOLIO

Zounds, doctor, is this your villainy?

FAUSTUS

O, say not so, sir. The doctor has no skill,
140 No art, no cunning to present these lords
Or bring before this royal emperor
The mighty monarch, warlike Alexander.

BENVOLIO

La peste vous emporte! Laissez-moi dormir encore
un peu.

L'EMPEREUR

Je ne t'en veux pas de dormir, avec la tête que tu as.

LE DUC DE SAXE

Lève les yeux, Benvolio! C'est l'Empereur qui
t'appelle.

BENVOLIO

L'Empereur! Où ça? Morbleu, ma tête!

L'EMPEREUR

Eh oui! Ne t'en fais pas pour ta tête car si tes cornes
sont bien accrochées elle est bien assez armée comme
cela!

FAUST

Alors, comment ça va, monsieur le chevalier? Quoi?
Pendu par les cornes? Voici qui est horrible. Fi donc,
quelle honte, rentrez-moi cette tête, que diable, ou le
monde va vous regarder comme une bête curieuse!

BENVOLIO

Morbleu, docteur, je vois bien là votre scélératesse!

FAUST

Comment ça monsieur? Je croyais que le docteur
[n'avait ni talent
Ni art, ni dons pour présenter à ces seigneurs
Ou faire apparaître devant ce royal Empereur,
Le puissant monarque, le martial Alexandre!

If Faustus do it, you are straight resolved
In bold Actaeon's shape to turn a stag.—
145 And therefore, my lord, so please your majesty,
I'll raise a kennel of hounds shall hunt him so
As all his footmanship shall scarce prevail
To keep his carcass from their bloody fangs.
Ho, Belimoth, Argiron, Ashtaroth!

BENVOLIO

150 Hold, hold! Zounds, he'll raise up a kennel of devils, I
think, anon. Good my lord, entreat for me. 'Sblood, I
am never able to endure these torments.

EMPEROR

Then, good Master Doctor,
Let me entreat you to remove his horns.
155 He has done penance now sufficiently.

FAUSTUS

My gracious lord, not so much for injury done to me
as to delight your majesty with some mirth hath Faustus justly requited this injurious knight; which being
all I desire, I am content to remove his horns.—
160 Mephistopheles, transform him. [*Mephistopheles
removes the horns*] And hereafter, sir, look you speak
well of scholars.

BENVOLIO

Speak well of ye? 'Sblood, an' scholars be such
cuckold-makers to clap horns of honest men's heads
165 o' this order, I'll ne'er trust smooth faces and small
ruffs more. But, an I be not revenged for this, would I
might be turned to a gaping oyster and drink nothing
but salt water.
          [*Exit Benvolio from the window*]

EMPEROR

Come, Faustus. While the emperor lives,
170 In recompense of this thy high desert

Si Faust y parvenait, vous avez juré,
Tel Actéon l'intrépide, d'être changé en cerf.
Et à présent, monseigneur, pour plaire à votre Altesse
Je vais mettre à ses trousses une meute de chiens ;
Si rapides que soient ses jambes il aura bien du mal
À sauver sa carcasse de leurs crocs sanguinaires.
Holà ! Belimonte, Argiron, Asterote !

BENVOLIO

Attendez, un instant ! Bigre, il est bien fichu de faire
surgir une meute de démons ! Mon bon seigneur,
intercédez pour moi ! Morbleu, je ne vais jamais sup-
porter ces supplices.

L'EMPEREUR

Alors, bon Maître Docteur,
Laissez-moi vous prier de retirer ses cornes :
Il a été assez puni à présent.

FAUST

Mon gracieux Seigneur, ce n'est pas tant pour
l'affront qu'il m'a fait, que pour le plaisir de divertir
Votre Majesté, que Faust a justement puni cet
insolent chevalier. Je ne désirais rien d'autre et je suis
donc heureux de le débarrasser de ses cornes.
Méphistophélès, rends-lui sa forme ! [*Méphistophélès
enlève les cornes*] À l'avenir, monsieur, veillez à ne pas
dire de mal des savants.

BENVOLIO [*en aparté*]

Ne pas dire du mal de toi ? Sacrebleu ! si les savants
sont pareils faiseurs de cocus pour coller ainsi des
cornes au crâne d'un honnête homme, plus jamais je
ne ferai confiance à un visage sans barbe ni à une
petite collerette[71]. Mais si je ne me venge pas de cet
affront, je veux bien être changé en huître et ne boire
que de l'eau de mer.
        [*Benvolio se retire de la fenêtre*]

L'EMPEREUR

Eh bien, Faust, tant que l'Empereur vivra,
En récompense de tes très grands mérites,

Thou shalt command the state of Germany
And live beloved of mighty Carolus.
Exeunt

[IV.2]

Enter Benvolio, Martino, Frederick, and Soldiers

MARTINO

Nay, sweet Benvolio, let us sway thy thoughts
From this attempt against the conjurer.

BENVOLIO

Away! You love me not, to urge me thus.
Shall I let slip so great an injury
5 When every servile groom jests at my wrongs
And in their rustic gambols proudly say,
"Benvolio's head was graced with horns today"?
O, may these eyelids never close again
Till with my sword I have that conjurer slain!
10 If you will aid me in this enterprise,
Then draw your weapons and be resolute.
If not, depart. Here will Benvolio die
But Faustus' death shall quit my infamy.

FREDERICK

Nay, we will stay with thee, betide what may,
15 And kill that doctor if he come this way.

BENVOLIO

Then, gentle Frederick, hie thee to the grove,
And place our servants and our followers
Close in an ambush there behind the trees.

Tu seras gouverneur des États d'Allemagne,
Et toujours bien-aimé du puissant Charles Quint.
Ils sortent

[Scène 2]

Entrent Benvolio, Martino,
Frédéric et des soldats

MARTINO

Voyons, cher Benvolio, détourne tes pensées
Du défi que tu comptes lancer à ce magicien.

BENVOLIO

Assez! Vous ne m'aimez donc pas pour me presser
                                                [ainsi.
Vais-je laisser passer une si grande offense,
Quand le moindre valet de ferme rit de mon affront
Et fait le fier aux fêtes de village en disant
« Benvolio aujourd'hui portait de belles cornes »?
Ô, puissent ces paupières ne plus se refermer
Tant que mon épée n'aura pas tué ce sorcier.
Si vous voulez m'aider dans cette entreprise,
Alors tirez vos armes et soyez résolus.
Sinon, allez-vous-en! Benvolio veut mourir ici
À moins que Faust par sa mort ne lave son affront.

FRÉDÉRIC

Mais non, nous sommes avec toi, advienne que pourra,
Nous tuerons ce docteur, s'il vient de ce côté.

BENVOLIO

Alors, mon cher Frédéric, va vite vers ce bois,
Et dispose nos hommes et nos partisans
Pour une embuscade, là, derrière les arbres.

By this, I know, the conjurer is near;
20 I saw him kneel and kiss the emperor's hand
And take his leave, laden with rich rewards.
Then, soldiers, boldly fight. If Faustus die,
Take you the wealth; leave us the victory.

FREDERICK

Come, soldiers, follow me unto the grove.
25 Who kills him shall have gold and endless love.
Exit Frederick with the Soldiers

BENVOLIO

My head is lighter than it was by th'horns,
But yet my heart's more ponderous than my head
And pants until I see that conjurer dead.

MARTINO

Where shall we place ourselves, Benvolio?

BENVOLIO

30 Here will we stay to bide the first assault.
O, were that damnèd hellhound but in place,
Thou soon shouldst see me quit my foul disgrace.
Enter Frederick

FREDERICK

Close, close! The conjurer is at hand
And all alone comes walking in his gown.
35 Be ready, then, and strike the peasant down.

BENVOLIO

Mine be that honour, then. Now, sword, strike home!
For horns he gave, I'll have his head anon.
Enter Faustus, with the false head

MARTINO

See, see, he comes.

À mon avis, le magicien n'est pas très loin d'ici;
Je l'ai vu, à genoux, baiser la main de l'Empereur,
Et puis prendre congé, chargé de riches récompenses.
Alors, soldats, hardis au combat! Si Faust meurt,
Son argent est à vous; moi, la victoire me suffit.

FRÉDÉRIC

En route, soldats, suivez-moi jusqu'au bois.
Celui qui le tuera aura de l'or et ma gratitude éternelle.
          Sort Frédéric accompagné des soldats

BENVOLIO

Ma tête est plus légère sans ces cornes,
Pourtant j'ai le cœur plus pesant que la tête,
Et il ne battra plus tant que ce sorcier sera en vie.

MARTINO

Benvolio, où est-ce qu'on se place?

BENVOLIO

On va rester ici jusqu'au premier assaut.
Ah si ce chien d'enfer était dans les parages,
Tu verrais de quelle façon il va payer ce sale affront.
          Entre Frédéric

FRÉDÉRIC

Approchez, approchez! le magicien arrive,
Il est à pied tout seul revêtu de sa robe.
Allons, tenez-vous prêts à abattre ce gueux.

BENVOLIO

C'est moi qui aurai cet honneur. Alors, épée, droit au
                                        [but!
Il m'a donné des cornes et moi j'aurai sa tête.
          Entre Faust, avec une fausse tête

MARTINO

Regardez, il arrive.

BENVOLIO

No words. This blow ends all.
Hell take his soul! His body thus must fall.
[*He strikes Faustus*]

FAUSTUS [*falling*]

40 O!

FREDERICK

Groan you, Master Doctor?

BENVOLIO

Break may his heart with groans! Dear Frederick, see,
Thus will I end his griefs immediately.

MARTINO

Strike with a willing hand.
[*Benvolio strikes off Faustus's false head*]
                                    His head is off!

BENVOLIO

45 The devil's dead. The Furies now may laugh.

FREDERICK

Was this that stern aspect, that awful frown,
Made the grim monarch of infernal spirits
Tremble and quake at his commanding charms?

MARTINO

Was this that damnèd head whose heart conspired
50 Benvolio's shame before the emperor?

BENVOLIO

Ay, that's the head, and here the body lies,

BENVOLIO

Pas un mot. Un seul coup et tout est fini.
Que le diable l'emporte! Son corps va mordre la
[poussière.
[*Il frappe Faust*]

FAUST [*tombant*]

Aïe!

FRÉDÉRIC

On gémit, mon bon Maître Docteur?

BENVOLIO

À force de gémir il va briser son cœur!
Regarde, cher Frédéric, comment je vais
Sur-le-champ, mettre immédiatement terme à ses
[méfaits.

MARTINO

Frappe d'une main décidée.
[*Benvolio frappe et la tête de Faust se détache*]
Sa tête est coupée!

BENVOLIO

C'est la tête du diable. Les Furies peuvent rire à
[présent.

FRÉDÉRIC

C'était donc là la mine austère, le regard terrifiant
Qui, par ses puissants sortilèges, faisait trembler
De peur le noir monarque des esprits infernaux?

MARTINO

Est-ce là la tête maudite dont le cœur[72] a manigancé
L'humiliation de Benvolio devant l'Empereur?

BENVOLIO

Oui, c'est bien cette tête et le corps gît ici,

Justly rewarded for his villainies.

FREDERICK

Come, let's devise how we may add more shame
To the black scandal of his hated name.

BENVOLIO

55 First, on his head, in quittance of my wrongs,
I'll nail huge forkèd horns and let them hang
Within the window where he yoked me first,
That all the world may see my just revenge.

MARTINO

What use shall we put his beard to?

BENVOLIO

60 We'll sell it to a chimney-sweeper. It will wear out ten
birchen brooms, I warrant you.

FREDERICK

What shall his eyes do?

BENVOLIO

We'll put out his eyes, and they shall serve for buttons
to his lips to keep his tongue from catching cold.

MARTINO

65 An excellent policy. And now, sirs, having divided
him, what shall the body do?
        [*Faustus rises*]

BENVOLIO

Zounds, the devil's alive again!

FREDERICK

Give him his head, for God's sake!

Juste rétribution de sa scélératesse.

FRÉDÉRIC

Allez, imaginons un moyen d'ajouter plus de honte
À la noire infamie de son nom détesté.

BENVOLIO

Pour venger cette offense, je m'en vais tout d'abord
Lui clouer sur la tête d'immenses cornes fourchues
Et accrocher le tout à la fenêtre où il m'a entravé[73],
Pour que le monde entier voie ma juste vengeance.

MARTINO

Qu'allons-nous faire de sa barbe?

BENVOLIO

On va la vendre à un ramoneur qui en fera, croyez-moi,
plus d'usage que dix balais de brindilles de bouleau!

FRÉDÉRIC

Et ses yeux, à quoi vont-ils servir?

BENVOLIO

On va les lui arracher et en faire des boutons que nous
coudrons à ses lèvres pour empêcher sa langue de
prendre froid.

MARTINO

Excellente idée. Et maintenant, messieurs, après
l'avoir dépecé, qu'allons-nous faire du corps?
    [Faust se relève]

BENVOLIO

Sacrebleu, le diable est ressuscité!

FRÉDÉRIC

Rendez-lui sa tête, pour l'amour de Dieu!

FAUSTUS

Nay, keep it. Faustus will have heads and hands,
70 Ay, all your hearts, to recompense this deed.
Knew you not, traitors, I was limited
For four-and-twenty years to breathe on earth?
And had you cut my body with your swords,
Or hewed this flesh and bones as small as sand,
75 Yet in a minute had my spirit returned,
And I had breathed a man made free from harm.
But wherefore do I dally my revenge?
Ashtaroth, Belimoth, Mephistopheles!

    *Enter Mephistopheles and other Devils [Belimoth
    and Ashtaroth]*

Go horse these traitors on your fiery backs,
80 And mount aloft with them as high as heaven;
Thence pitch them headlong to the lowest hell.
Yet stay. The world shall see their misery,
And hell shall after plague their treachery.
Go, Belimoth, and take this caitiff hence,
85 And hurl him in some lake of mud and dirt.

    [To Ashtaroth]

Take thou this other; drag him through the woods
Amongst the pricking thorns and sharpest briars,
Whilst with my gentle Mephistopheles
This traitor flies unto some steepy rock
90 That, rolling down, may break the villain's bones
As he intended to dismember me.
Fly hence. Dispatch my charge immediately.

FREDERICK

Pity us, gentle Faustus. Save our lives!

FAUSTUS

Away!

FREDERICK

95 He must needs go that the devil drives.

FAUST

Non, gardez-la. Faust va en avoir des têtes et des mains,
Mais aussi votre cœur à tous, pour se venger de vous.
Traîtres, vous ne saviez donc pas que je n'ai
Que vingt-quatre ans à vivre ici-bas ?
Même si votre épée avait dépecé mon corps
Ou bien haché menu et cette chair et ces os,
J'aurais, dans la minute, recouvré mes esprits,
Et, toujours indemne, j'aurais respiré la santé.
Mais pourquoi tarder, quand la vengeance attend ?
Ashtaroth, Belimoth, Méphistophélès !
>   *Entrent Méphistophélès et d'autres démons [Beli-*
>   *moth et Ashtaroth].*
Allez, mettez-moi ces traîtres sur votre dos brûlant,
Montez avec eux jusqu'aux hauteurs du ciel
Pour les précipiter ensuite aux tréfonds de l'Enfer.
Non, attendez ! Il faut que tout le monde assiste à leur
>   [supplice,
Et ce n'est que plus tard que l'Enfer punira leur forfait.
Va, Belimoth, emmène-moi ce coquin,
Jette-le dans un lac de fange et de boue.
>   [*À Ashtaroth*]
Toi, prends-en un autre ! Traîne-le dans le bois,
Dans les ronces épineuses, les bruyères coupantes,
Tandis qu'en compagnie de Méphistophélès
Ce traître sera hissé sur un rocher abrupt
Avant que, dans sa chute, il se brise les os
Comme il avait voulu que je sois démembré.
Partez, et que ceci soit fait sans délai.

FRÉDÉRIC

Pitié pour nous, gentil Faust, épargne nous !

FAUST

Disparaissez !

FRÉDÉRIC

Partons, nécessité fait loi[74].

Exeunt Spirits with the Knights [on their backs].
Enter the ambushed Soldiers

FIRST SOLDIER

Come, sirs. Prepare yourselves in readiness;
Make haste to help these noble gentlemen.
I heard them parley with the conjurer.

SECOND SOLDIER

See where he comes. Dispatch, and kill the slave.

FAUSTUS

100   What's here? An ambush to betray my life?
Then, Faustus, try thy skill. Base peasants, stand!
For lo, these trees remove at my command
And stand as bulwarks 'twixt yourselves and me
To shield me from your hated treachery.
105   Yet to encounter this your weak attempt,
Behold an army comes incontinent.
                Faustus strikes the door, and enter a Devil playing
                on a drum, after him another bearing an ensign,
                and divers with weapons; Mephistopheles with
                fireworks. They set upon the Soldiers and drive
                them out. [Exit Faustus]

[IV.3]

Enter at several doors Benvolio, Frederick, and
Martino, their heads and faces bloody and besmeared
with mud and dirt, all having horns on their heads

MARTINO

What ho, Benvolio!

Sortent les esprits, les chevaliers [sur le dos]
Entrent les soldats qui étaient en embuscade

PREMIER SOLDAT

Venez, messieurs ! Tenez-vous prêts,
Hâtez-vous d'aider ces nobles gentilshommes.
Je les ai entendus discuter avec le magicien.

DEUXIÈME SOLDAT

Le voici qui arrive. Vite, tuons cette canaille.

FAUST

Quoi ? Une embuscade ! On attente à ma vie !
Eh bien, Faust, à toi de jouer. Vils manants, halte-là !
Voyez, ces arbres bougent à mon commandement
Et forment un rempart entre vous et moi
Pour me protéger de votre odieux guet-apens.
Mais pour faire échec à votre piètre attentat,
Regardez l'armée qui arrive à l'instant !

> *Faust frappe à la porte, un démon entre, battant le*
> *tambour, suivi d'un autre démon portant un éten-*
> *dard, et d'autres encore portant des armes.*
> *Méphistophélès, lui, entre muni de pétards. Ils se*
> *jettent sur les soldats et les chassent. [Sort Faust]*

[Scène 3]

Entrent par plusieurs portes, Benvolio, Frédéric et
Martino, la tête et le visage en sang. Ils sont barbouillés
de boue et de fange et tous ont des cornes sur la tête

MARTINO

Holà, Benvolio !

BENVOLIO

Here. What, Frederick, ho!

FREDERICK

O, help me, gentle friend. Where is Martino?

MARTINO

Dear Frederick, here,
Half smothered in a lake of mud and dirt
5 Through which the Furies dragged me by the heels.

FREDERICK

Martino, see! Benvolio's horns again.

MARTINO

O misery! How now, Benvolio?

BENVOLIO

Defend me, heaven. Shall I be haunted still?

MARTINO

Nay, fear not, man. We have no power to kill.

BENVOLIO

10 My friends transformèd thus! O hellish spite!
Your heads are all set with horns.

FREDERICK

                                    You hit it right.
It is your own you mean. Feel on your head.

BENVOLIO [*feeling his head*]

Zounds, horns again!

BENVOLIO

Oui, qu'y a-t-il, Frédéric?

FRÉDÉRIC

Aïe! à l'aide, mon vieux. Où est Martino?

MARTINO

Ici, cher Frédéric.
À moitié étouffé dans un lac de fange et de boue
Où les Furies m'ont plongé et tiré par les pieds.

FRÉDÉRIC

Martino, regarde! Benvolio a de nouveau des cornes.

MARTINO

Ah, quel malheur! Alors, Benvolio?

BENVOLIO

Que le ciel me garde! Serai-je donc toujours hanté?

MARTINO

Non, ne crains rien, ami! Nous ne sommes pas
[armés[75].

BENVOLIO

Voir mes amis transformés de la sorte! Enfer et malé-
[diction,
Vous avez tous des cornes sur le crâne.

FRÉDÉRIC

Tu as visé juste!
Tu veux parler du tien. Tâte-le donc un peu!

BENVOLIO [*tâtant sa tête*]

Morbleu, encore des cornes!

MARTINO

Nay, chafe not, man, we all are sped.

BENVOLIO

15 What devil attends this damned magician,
   That, spite of spite, our wrongs are doublèd?

FREDERICK

What may we do, that we may hide our shames?

BENVOLIO

If we should follow him to work revenge,
He'd join long asses' ears to these huge horns
20 And make us laughing-stocks to all the world.

MARTINO

What shall we then do, dear Benvolio?

BENVOLIO

I have a castle joining near these woods,
And thither we'll repair and live obscure
Till time shall alter this our brutish shapes.
25 Sith black disgrace hath thus eclipsed our fame,
   We'll rather die with grief than live with shame.
        Exeunt

[IV.4]

*Enter Faustus, and the Horse-courser,
and Mephistopheles*

HORSE-COURSER [*offering money*]

I beseech your worship, accept of these forty dollars.

MARTINO

Du calme, mon vieux, nous en sommes tous au même
[point.

BENVOLIO

Quel démon peut servir ce damné magicien,
Pour qu'en dépit de tout, nos malheurs soient doublés?

FRÉDÉRIC

Que faire pour cacher notre humiliation?

BENVOLIO

Si nous le poursuivions, pour nous venger de lui,
À ces cornes il ajouterait de longues oreilles d'âne[76],
Et nous serions la risée du monde entier.

MARTINO

Alors, que faire, cher Benvolio?

BENVOLIO

Je possède un château non loin de ces bois,
Nous nous y retirerons pour y vivre cachés,
Jusqu'à ce que le temps change ces visages de bêtes.
Puisque le noir malheur a ainsi terni notre front,
Mieux vaut mourir de chagrin que vivre dans la honte.
    Ils sortent

[Scène 4]

Entrent Faust, le maquignon et Méphistophélès

LE MAQUIGNON [*offrant de l'argent*]

Je vous en prie, votre honneur, prenez ces quarante
thalers.

FAUSTUS

Friend, thou canst not buy so good a horse for so
small a price. I have no great need to sell him, but if
thou likest him for ten dollars more, take him, because
5 I see thou hast a good mind to him.

HORSE-COURSER

I beseech you, sir, accept of this. I am a very poor
man and have lost very much of late by horseflesh,
and this bargain will set me up again.

FAUSTUS

Well, I will not stand with thee. Give me the money.
10 [*He takes the money*] Now, sirrah, I must tell you that
you may ride him o'er hedge and ditch, and spare him
not. But do you hear? In any case ride him not into
the water.

HORSE-COURSER

How, sir, not into the water? Why, will he not drink of
15 all waters?

FAUSTUS

Yes, he will drink of all waters. But ride him not into
the water. O'er hedge and ditch, or where thou wilt,
but not into the water. Go bid the ostler deliver him
unto you, and remember what I say.

HORSE-COURSER

20 I warrant you, sir.—O, joyful day! Now am I a made
man for ever.
        Exit [*Horse-courser*]

FAUSTUS

What art thou, Faustus, but a man condemned to die?

FAUST

Ami, tu ne peux pas acheter un bon cheval à si bas
prix. Je n'ai pas vraiment besoin de le vendre. Mais si
tu le veux pour dix thalers de plus, prends-le, parce
que je vois bien qu'il te fait envie.

LE MAQUIGNON

Je vous en prie, monsieur, acceptez cette somme. Je
suis très pauvre, j'ai perdu beaucoup d'argent der-
nièrement avec les chevaux et cette affaire me remet-
tra à flots.

FAUST

Bon, je ne vais pas marchander avec toi. Donne-moi
l'argent! [*Il prend l'argent*] Maintenant, l'ami, je dois te
dire que tu peux lui faire sauter les haies et les fossés
sans ménagement. Mais écoute-moi bien : en aucun
cas tu ne dois le faire aller dans l'eau.

LE MAQUIGNON

Comment ça, monsieur, pas le faire aller dans l'eau? Il
ne boit pas n'importe quelle eau?

FAUST

Si, il boit à tous les abreuvoirs. Mais ne le fais pas aller
dans l'eau. Tu peux le faire sauter par-dessus les haies
et les fossés, passer où tu veux, mais surtout pas dans
l'eau. Va, demande au palefrenier de te le donner et
rappelle-toi ce que je t'ai dit.

LE MAQUIGNON

Je vous le promets, monsieur. Ah, quelle bonne journée! Ma fortune est faite pour toujours.
    Sort [*le maquignon*]

FAUST

Qu'es-tu d'autre, Faust, qu'un homme condamné à
                                              [mort?

Thy fatal time draws to a final end.
Despair doth drive distrust into my thoughts.
25 Confound these passions with a quiet sleep.
Tush! Christ did call the thief upon the cross;
Then rest thee, Faustus, quiet in conceit.
　　　He sits to sleep. Enter the Horse-courser, wet

HORSE-COURSER

O, what a cozening doctor was this! I, riding my horse
into the water, thinking some hidden mystery had
30 been in the horse, I had nothing under me but a little
straw and had much ado to escape drowning. Well,
I'll go rouse him and make him give me my forty dollars again.—Ho, sirrah doctor, you cozening scab!
Master Doctor, awake, and rise, and give me my
35 money again, for your horse is turned to a bottle of
hay. Master Doctor! [*He pulls off his leg*] Alas, I am
undone! What shall I do? I have pulled off his leg.

FAUSTUS

O, help, help! The villain hath murdered me.

HORSE-COURSER

Murder or not murder, now he has but one leg I'll
40 outrun him and cast this leg into some ditch or other.
　　　[*Exit Horse-courser with the leg*]

FAUSTUS

Stop him, stop him, stop him!—Ha, ha, ha! Faustus
hath his leg again, and the Horse-courser a bundle of
hay for his forty dollars.
　　　Enter Wagner

Ton temps compté par le destin touche à sa fin.
Le désespoir fait naître un doute dans mon âme.
Chassons ces idées noires par un sommeil paisible.
Bah! Le Christ a bien parlé au larron sur la croix.
Alors, repose-toi, Faust, aie l'esprit en paix.

*Il s'assoit pour dormir. Entre le maquignon,
trempé*

LE MAQUIGNON

Ah! Quel charlatan, ce docteur! Alors que je chevau-
chais ma bête au milieu de l'eau, pensant qu'il y avait
un mystère caché dans ce cheval, je me suis retrouvé
sans rien d'autre sous moi qu'un peu de paille et j'ai
bien failli me noyer. Allons, je vais le réveiller et lui
demander de me rendre mes quarante thalers! Holà,
monsieur le Docteur, espèce d'escroc! Maître Docteur, réveillez-vous, levez-vous et rendez-moi mon
argent, car votre cheval s'est changé en botte de paille.
Maître Docteur!

[*Il tire sur la jambe de Faust et elle lui reste dans
la main*]

Hélas! Je suis perdu. Qu'est-ce que je vais faire? Je lui
ai arraché la jambe.

FAUST

Au secours, au secours! Ce coquin m'a assassiné.

LE MAQUIGNON

Assassinat ou pas, maintenant qu'il n'a qu'une seule
jambe, je peux le distancer à la course et jeter cette
jambe dans un fossé.

[*Sort le maquignon avec la jambe*]

FAUST

Arrêtez-le, arrêtez-le, arrêtez-le! Ha, ha, ha! Faust a
retrouvé sa jambe et le maquignon a eu droit à une
botte de paille pour ses quarante thalers.

Entre Wagner

How now, Wagner, what news with thee?

WAGNER

45 If it please you, the duke of Vanholt doth earnestly
entreat your company and hath sent some of his men
to attend you with provision fit for your journey.

FAUSTUS

The duke of Vanholt's an honourable gentleman, and
one to whom I must be no niggard of my cunning.
50 Come away.
        Exeunt

[IV.5]

Enter Clown [Robin], Dick, Horse-courser,
and a Carter

CARTER

Come, my masters, I'll bring you to the best beer in
Europe.—What ho, Hostess!—Where be these whores?
        Enter Hostess

HOSTESS

How now, what lack you? What, my old guests,
welcome!

ROBIN [*aside to Dick*]

5 Sirrah Dick, dost thou know why I stand so mute?

DICK [*aside to Robin*]

No, Robin, why is't?

Eh bien, Wagner, quelles nouvelles?

WAGNER

Si cela vous va, le duc d'Anhalt[77] sollicite instamment votre compagnie et a envoyé quelques-uns de ses hommes pour vous escorter avec tout ce qu'il faut pour votre voyage.

FAUST

Le duc d'Anhalt est un honorable gentilhomme et quelqu'un avec qui je ne dois pas me montrer avare de mon art. Allez, partons!
Ils sortent

[Scène 5]

*Entrent le bouffon [Robin],
Dick, le maquignon et un charretier*

LE CHARRETIER

Venez, mes seigneurs, je vais vous emmener là où on trouve la meilleure bière d'Europe. Holà, l'hôtesse! Où sont les filles?
Entre l'hôtesse

L'HÔTESSE

Alors quoi, il vous manque quelque chose? Allons, mes bons amis, soyez les bienvenus.

ROBIN [*à Dick en aparté*]

Dick, mon vieux, tu sais pourquoi je reste muet comme ça?

DICK [*à Robin en aparté*]

Non, Robin, pourquoi?

ROBIN [*aside to Dick*]

I am eighteen pence on the score. But say nothing.
See if she have forgotten me.

HOSTESS [*seeing Robin*]

Who's this that stands so solemnly by himself? [*To
10   Robin*] What, my old guest?

ROBIN

O, Hostess, how do you? I hope my score stands still.

HOSTESS

Ay, there's no doubt of that, for methinks you make
no haste to wipe it out.

DICK

Why, Hostess, I say, fetch us some beer.

HOSTESS

15   You shall, presently.—Look up into th' hall there, ho!
          Exit [*Hostess*]

DICK

Come, sirs, what shall we do now till mine Hostess
comes?

CARTER

Marry, sir, I'll tell you the bravest tale how a conjurer
served me. You know Doctor Fauster?

HORSE-COURSER

20   Ay, a plague take him! Here's some on's have cause to
know him. Did he conjure thee, too?

ROBIN [*en aparté à Dick*]

J'ai une ardoise de dix-huit pence. Mais dis rien. Des fois qu'elle aurait oublié!

L'HÔTESSE [*apercevant Robin*]

Mais qui est-ce qui reste là tout seul dans son coin, sérieux comme un pape? [*à Robin*] Mais c'est mon vieux client!

ROBIN

Eh oui! Ça va, l'hôtesse? J'espère que mon ardoise n'a pas bougé non plus.

L'HÔTESSE

Ça, y a pas de risque, vu que vous êtes pas pressé de l'effacer cette ardoise.

DICK

Eh bien, l'hôtesse! Allez nous chercher de la bière.

L'HÔTESSE

Tout de suite! Jetez donc un coup d'œil à ce qui se passe dans l'entrée!
     Sort [*l'hôtesse*]

DICK

Alors, messieurs, que va-t-on faire en attendant le retour de l'hôtesse?

LE CHARRETIER

Pardi, monsieur, je vais vous raconter le plus beau tour que m'a joué un magicien. Vous connaissez le docteur Faux frère?

LE MAQUIGNON

Oui, la peste l'emporte! Vous avez devant vous un homme qui a de bonnes raisons de le connaître. Il t'a jeté un sort, à toi aussi?

CARTER

I'll tell you how he served me. As I was going to Wittenberg t'other day with a load of hay, he met me and asked me what he should give me for as much hay as
25 he could eat. Now, sir, I thinking that a little would serve his turn, bade him take as much as he would for three farthings. So he presently gave me my money and fell to eating; and, as I am a cursen man, he never left eating till he had eat up all my load of hay.

ALL

30 O monstrous! Eat a whole load of hay!

ROBIN

Yes, yes, that may be, for I have heard of one that has eat a load of logs.

HORSE-COURSER

Now, sirs, you shall hear how villainously he served me. I went to him yesterday to buy a horse of him,
35 and he would by no means sell him under forty dollars. So, sir, because I knew him to be such a horse as would run over hedge and ditch and never tire, I gave him his money. So when I had my horse, Doctor Fauster bade me ride him night and day and spare
40 him no time. "But", quoth he, "in any case ride him not into the water." Now, sir, I, thinking the horse had had some quality that he would not have me know of, what did I but rid him into a great river? And when I came just in the midst, my horse vanished away, and I
45 sat straddling upon a bottle of hay.

ALL

O brave doctor!

LE CHARRETIER

Je vais vous raconter comment il m'a traité. Alors que j'allais à Wittenberg, l'autre jour, avec mon chargement de foin, il vient vers moi et il me demande combien je voulais pour qu'il puisse manger du foin à gogo. Alors, moi, monsieur, pensant qu'un peu de foin ferait son affaire, je lui propose d'en manger tout son soûl pour trois sous. Aussitôt, il me donne l'argent et il se met à manger. Et, foi de chrétien, je vous le jure, il n'a pas calé avant d'avoir dévoré tout mon chargement.

TOUS

C'est monstrueux! Tout un chargement de foin!

ROBIN

Moi, ça ne m'étonne pas! J'ai bien entendu parler de quelqu'un qui avait mangé tout son blé en herbe.

LE MAQUIGNON

Maintenant, messieurs, vous allez savoir comment il m'a floué. Je vais le voir hier pour lui acheter un cheval et il ne voulait rien savoir pour le laisser à moins de quarante thalers. Alors, monsieur, parce que je savais que c'était un cheval qui pouvait sauter haies et fossés sans jamais se fatiguer, je lui donne son argent. Une fois l'affaire conclue, le docteur Faux frère me dit que je pouvais le chevaucher nuit et jour sans jamais l'épargner. «Mais», qu'il me dit, «en aucun cas ne le fais aller dans l'eau!» Alors, moi, monsieur, pensant que ce cheval avait une qualité cachée que le docteur ne voulait pas me dire, qu'est-ce que je fais? Eh bien, je lui fais traverser une grande rivière et, une fois au milieu, voilà que mon cheval se volatilise et que je me retrouve à califourchon sur une botte de foin.

TOUS

Ah! le brave docteur!

HORSE-COURSER

But you shall hear how bravely I served him for it. I
went me home to his house, and there I found him
asleep. I kept a halloing and whooping in his ears, but
50 all could not wake him. I, seeing that, took him by the
leg and never rested pulling till I had pulled me his leg
quite off, and now 'tis at home in mine hostry.

ROBIN

And has the doctor but one leg, then? That's
excellent, for one of his devils turned me into the like-
55 ness of an ape's face.

CARTER

Some more drink, Hostess!

ROBIN

Hark you, we'll into another room and drink a while,
and then we'll go seek out the doctor.
        Exeunt

[IV.6]

*Enter the Duke of Vanholt, his [pregnant] Duchess,
        Faustus, and Mephistopheles [and Servants]*

DUKE

Thanks, Master Doctor, for these pleasant sights. Nor
know I how sufficiently to recompense your great
deserts in erecting that enchanted castle in the air, the
sight whereof so delighted me as nothing in the world
5 could please me more.

FAUSTUS

I do think myself, my good lord, highly recompensed
in that it pleaseth your grace to think but well of that

LE MAQUIGNON

Mais vous allez voir comment je lui ai bravement rendu la monnaie de sa pièce. Je me rends chez lui et là je le trouve endormi. J'avais beau crier et lui hurler aux oreilles, pas moyen de le réveiller. Voyant ça, je le prends par la jambe, je tire encore et encore, tant et si bien qu'elle finit par me rester entre les mains. Maintenant elle est chez moi, à l'auberge où je loge.

DICK

Alors le docteur n'a plus qu'une jambe? C'est bien fait, car un de ses démons m'a donné un visage de singe.

LE CHARRETIER

Encore à boire, l'hôtesse!

ROBIN

Écoutez, on va passer dans une autre salle et boire un moment, puis on ira à la recherche du docteur.
Ils sortent

[Scène 6]

Entrent le duc d'Anhalt, son épouse la duchesse [enceinte], Faust, Méphistophélès [et des serviteurs]

LE DUC

Merci, Maître Docteur, pour ce charmant spectacle. Je ne sais comment récompenser vos grands talents pour avoir ainsi érigé dans les airs ce château enchanté dont la vue m'a ravi plus que tout au monde.

FAUST

Mon bon seigneur, je m'estime amplement récompensé si votre Grâce veut bien priser ce que

which Faustus hath performed.—But, gracious lady, it
may be that you have taken no pleasure in those
10 sights. Therefore, I pray you tell me what is the thing
you most desire to have; be it in the world, it shall be
yours. I have heard that great-bellied women do long
for things are rare and dainty. [What is it, madam?
Tell me, and you shall have it] (A)

DUCHESS

15 True, Master Doctor, and, since I find you so kind, I
will make known unto you what my heart desires to
have. And were it now summer, as it is January, a
dead time of the winter, I would request no better
meat than a dish of ripe grapes.

FAUSTUS

20 This is but a small matter. [*Aside to Mephistopheles*]
Go, Mephistopheles, away!
    Exit Mephistopheles
Madam, I will do more than this for your content.
    Enter Mephistopheles again with the grapes
Here. Now taste ye these. They should be good, for
they come from a far country, I can tell you.
    [*The Duchess tastes the grapes*]

DUKE

25 This makes me wonder more than all the rest, that at
this time of the year, when every tree is barren of his
fruit, from whence you had these ripe grapes.

FAUSTUS

Please it your grace, the year is divided into two
circles over the whole world, so that, when it is winter
30 with us, in the contrary circle it is likewise summer
with them, as in India, Saba, and such countries that

Faust a accompli. Mais, vous noble dame, peut-être n'avez-vous guère pris de plaisir à ce spectacle. Aussi, je vous prie de me dire quel est votre désir le plus cher : si la chose existe ici-bas, elle sera vôtre. J'ai ouï dire que les femmes grosses avaient des envies de choses rares et délicates. [De quoi avez-vous envie, Madame ? Dites-le et vous l'aurez.] (A)

LA DUCHESSE

C'est vrai, Maître Docteur et, puisque vous êtes si aimable, je m'en vais vous confier ce que mon cœur désire. Si nous étions en été au lieu d'être en janvier, en plein cœur de l'hiver, je rêverais d'une coupe de raisins mûrs.

FAUST

Ce n'est vraiment pas grand-chose. [*À part, à Méphistophélès*] Allez, Méphistophélès, vas-y !
        Sort Méphistophélès
Madame, je voudrais faire plus pour vous être agréable.
        Méphistophélès revient avec les raisins
Les voici ! Goûtez-les, ils doivent être bons, car ils viennent de loin, je peux vous le dire.
        [*La Duchesse goûte les raisins*]

LE DUC

Ceci m'étonne plus que tout le reste, car en cette saison où les arbres sont tous dépouillés de leurs fruits, je me demande bien où vous êtes allé chercher ces raisins mûrs.

FAUST

Voyez-vous, votre Grâce, l'année se divise en deux moitiés de part et d'autre du globe, de sorte que, quand c'est l'hiver chez nous, c'est l'été dans l'hémisphère opposé, comme en Inde, au royaume de Saba et dans les pays d'Extrême-Orient où l'on récolte des

lie far east, where they have fruit twice a year. From whence, by means of a swift spirit that I have, I had these grapes brought, as you see.

DUCHESS

35 And, trust me, they are the sweetest grapes that e'er I tasted.

The Clown[s] bounce at the gate, within

DUKE

What rude disturbers have we at the gate?
Go pacify their fury. Set it ope,
And then demand of them what they would have.

They knock again and call out to talk with Faustus

SERVANT [*calling offstage*]

40 Why, how now, masters, what a coil is there!
What is the reason you disturb the duke?

DICK [*offstage*]

We have no reason for it. Therefore, a fig for him!

SERVANT

Why, saucy varlets, dare you be so bold?

HORSE-COURSER [*offstage*]

I hope, sir, we have wit enough to be more bold than
45 welcome.

SERVANT

It appears so. Pray be bold elsewhere, and trouble not the duke.

DUKE [*to the Servant*]

What would they have?

fruits deux fois par an. C'est de là que, grâce au concours d'un esprit rapide qui est à mon service, j'ai pu faire venir les raisins que vous voyez.

LA DUCHESSE

Ce sont les meilleurs que j'aie jamais mangés, croyez-moi!
Les Rustres tambourinent à la porte, à l'intérieur

LE DUC

Qui sont ces grossiers trouble-fête à notre porte?
Allez, qu'on calme leur tapage! Qu'on leur ouvre
Et puis qu'on leur demande ce qu'ils viennent faire ici.
Ils frappent encore et demandent à parler à Faust

LE SERVITEUR [*appelant dans les coulisses*]

Eh bien, messieurs, qu'est-ce que c'est que ce
                              [vacarme!
Pour quelle raison dérangez-vous le Duc?

DICK [*en coulisses*]

On n'a ni raison ni raisin, mais on lui fait la figue[78]!

LE SERVITEUR

Quoi, quelle audace, bande d'effrontés!

LE MAQUIGNON [*en coulisses*]

J'espère, Monsieur, que nous avons raison d'être effrontés, n'étant pas les bienvenus.

LE SERVITEUR

On s'en était rendu compte! Allez montrer votre insolence ailleurs, et ne dérangez plus le Duc.

LE DUC [*au serviteur*]

Que veulent-ils?

SERVANT

They all cry out to speak with Doctor Faustus.

CARTER [*offstage*]

50 Ay, and we will speak with him.

DUKE

Will you, sir?—Commit the rascals.

DICK [*offstage*]

Commit with us? He were as good commit with his
father as commit with us.

FAUSTUS

I do beseech your grace, let them come in.
55 They are good subject for a merriment.

DUKE

Do as thou wilt, Faustus. I give thee leave.

FAUSTUS

I thank your grace.
        [*The Servant opens the gate.*] *Enter the Clown*
        [*Robin*], *Dick, Carter, and Horse-courser*
                Why, how now, my good friends?
'Faith, you are too outrageous. But come near;
I have procured your pardons. Welcome all!

ROBIN

60 Nay, sir, we will be welcome for our money, and we
will pay for what we take.—What ho! Give's half a
dozen of beer here, and be hanged.

FAUSTUS

Nay, hark you, can you tell me where you are?

LE SERVITEUR

Tous réclament le docteur Faust à cor et à cri.

LE CHARRETIER [*en coulisses*]

Oui, on a quelque chose à lui dire.

LE DUC

Vraiment, monsieur? Emballez-moi toute cette racaille.

DICK [*en coulisses*]

Nous emballer! Il ferait mieux d'emballer[79] son père que de nous emballer nous.

FAUST

Laissez-les entrer, votre Grâce, je vous en prie :
Ce sont de bons sujets, pour un divertissement.

LE DUC

Comme tu voudras, Faust, tu as carte blanche.

FAUST

Je remercie votre Grâce.
    [*Le serviteur ouvre la porte*] *Entrent le Rustre,*
    [Robin], *Dick, le charretier et le maquignon*
           Alors, mes amis, quelque
           [chose qui ne va pas?
Ma foi, vous dépassez les bornes. Mais approchez,
J'ai obtenu votre pardon. Bienvenue à tous!

ROBIN

Non, monsieur, nous voulons être bienvenus pour notre argent, et nous paierons pour ce que nous consommons. Holà! qu'on nous apporte une demi-douzaine de bières et allez vous faire pendre.

FAUST

Non mais est-ce que vous savez où vous êtes?

CARTER

Ay, marry, can I. We are under heaven.

SERVANT

65 Ay, but, sir saucebox, know you in what place?

HORSE-COURSER

Ay, ay, the house is good enough to drink in. Zounds,
fill us some beer, or we'll break all the barrels in the
house and dash out all your brains with your bottles.

FAUSTUS

Be not so furious. Come, you shall have beer.—
70 My lord, beseech you give me leave a while.
I'll gage my credit 'twill content your grace.

DUKE

With all my heart, kind doctor. Please thyself.
Our servants and our court's at thy command.

FAUSTUS

I humbly thank your grace.—Then fetch some beer.

HORSE-COURSER

75 Ay, marry, there spake a doctor indeed, and, 'faith, I'll
drink a health to thy wooden leg for that word.

FAUSTUS

My wooden leg? What dost thou mean by that?

CARTER

Ha, ha, ha! Dost hear him, Dick? He has forgot his
leg.

LE CHARRETIER

Pardi, je le sais bien. On est sous le ciel.

LE SERVITEUR

Oui, monsieur l'effronté, mais sais-tu à quel endroit?

LE MAQUIGNON

Oui, parfaitement et la maison est assez bonne pour y boire. Bon sang, remplissez-nous quelques chopes ou bien on va casser tous les fûts de la maison et vous faire sauter la cervelle à coups de bouteilles.

FAUST

Allons, tout beau! Vous l'aurez votre bière.
Monseigneur, laissez-moi faire je vous prie;
Votre Grâce, je vous le garantis, vous allez bien rire.

LE DUC

Volontiers, cher Docteur. À ta guise.
Nos serviteurs et la cour sont à tes ordres.

FAUST

Je remercie humblement votre Grâce. De la bière, vite.

LE MAQUIGNON

Voilà qui est parler comme un docteur! Pour ces bonnes paroles, je m'en vais boire à la santé de ta jambe de bois.

FAUST

Ma jambe de bois! Qu'est-ce que veux-tu dire par là?

LE CHARRETIER

Ha! ha! ha! Tu entends ça, Dick? Il a oublié sa jambe.

HORSE-COURSER

80 Ay, ay. He does not stand much upon that.

FAUSTUS

No, 'faith, not much upon a wooden leg.

CARTER

Good Lord, that flesh and blood should be so frail
with your worship! Do not you remember a horse-
courser you sold a horse to?

FAUSTUS

85 Yes, I remember I sold one a horse.

CARTER

And do you remember you bid he should not ride into
the water?

FAUSTUS

Yes, I do very well remember that.

CARTER

And do you remember nothing of your leg?

FAUSTUS

90 No, in good sooth.

CARTER

Then, I pray, remember your curtsy.

FAUSTUS [making a curtsy]

I thank you, sir.

LE MAQUIGNON

Oui, c'est vrai, il n'en fait pas grand cas.

FAUST

Ma foi, je l'ai mise à la casse.

LE CHARRETIER

Grand Dieu, que votre honneur est léger pour ce qui touche à la chair et au sang. Vous ne vous souvenez pas d'un maquignon à qui vous avez vendu un cheval?

FAUST

Oui, je me souviens que j'ai vendu un cheval à quelqu'un.

LE CHARRETIER

Et vous souvenez-vous d'avoir interdit qu'il aille dans l'eau?

FAUST

Oui, je m'en souviens fort bien.

LE CHARRETIER

Et vous ne vous souvenez plus du tout de votre jambe!

FAUST

Non, vraiment pas!

LE CHARRETIER

Alors, n'oubliez pas non plus vos ronds de jambe.

FAUST [*fait la révérence*]

Je vous en remercie, monsieur.

CARTER

'Tis not so much worth. I pray you tell me one thing.

FAUSTUS

What's that?

CARTER

95 Be both your legs bedfellows every night together?

FAUSTUS

Wouldst thou make a Colossus of me, that thou askest
me such questions?

CARTER

No, truly, sir, I would make nothing of you. But I
would fain know that.
Enter Hostess with drink

FAUSTUS

100 Then, I assure thee, certainly they are.

CARTER

I thank you. I am fully satisfied.

FAUSTUS

But wherefore dost thou ask?

CARTER

For nothing, sir. But methinks you should have a
wooden bedfellow of one of 'em.

HORSE-COURSER

105 Why, do you hear, sir? Did not I pull off one of your
legs when you were asleep?

LE CHARRETIER

Y a pas de quoi! Il y a une question qui me travaille.

FAUST

Oui, laquelle?

LE CHARRETIER

Est-ce que vos deux jambes couchent ensemble la nuit?

FAUST

Pourquoi une telle question, je ne suis pas un colosse[80]!

LE CHARRETIER

Monsieur, je n'en ai vraiment rien à faire non plus, c'est juste pour savoir.
Entre l'hôtesse apportant à boire

FAUST

Eh bien oui, elles couchent vraiment ensemble.

LE CHARRETIER

Merci, je suis totalement satisfait.

FAUST

Mais pourquoi cette question?

LE CHARRETIER

Pour rien, monsieur! Simplement, m'est avis que l'une des deux est en bois.

LE MAQUIGNON

Eh bien, monsieur, vous m'entendez? Je ne vous ai pas arraché une jambe pendant votre sommeil?

FAUSTUS

But I have it again now I am awake. Look you here,
sir.

[*He shows them his legs*]

ALL

O, horrible! Had the doctor three legs?

CARTER

110 Do you remember, sir, how you cozened me and eat
up my load of—

[*Faustus charms him dumb*]

DICK

Do you remember how you made me wear an ape's—

[*Faustus charms him dumb*]

HORSE-COURSER

You whoreson conjuring scab, do you remember how
you cozened me with a ho—

[*Faustus charms him dumb.*]

ROBIN

115 Ha' you forgotten me? You think to carry it away with
your "hey-pass" and "repass". Do you remember the
dog's fa—

[*Faustus charms him dumb.*] *Exeunt Clowns*

HOSTESS

Who pays for the ale? Hear you, Master Doctor, now
you have sent away my guests, I pray, who shall pay
120 me for my a—

[*Faustus charms her dumb.*] *Exit Hostess*

DUCHESS [*to the Duke*]

My lord,

FAUST

Si, mais je l'ai récupérée quand je me suis réveillé.
Regardez, monsieur.

> [*Il leur montre ses jambes*]

TOUS

Ah, c'est horrible! Le docteur, il avait donc trois
jambes?

LE CHARRETIER

Vous souvenez-vous, monsieur, comment vous
m'avez escroqué et dévoré ma charretée de —

> [*Faust, d'un charme, le rend muet*]

DICK

Vous souvenez-vous comment vous m'avez affublé
d'une gueule de s—

> [*Faust, d'un charme, le rend muet*]

LE MAQUIGNON

Escamoteur, galeux, fils de pute, tu te souviens comment tu m'as escroqué avec un ch —

> [*Faust, d'un charme, le rend muet*]

ROBIN

Vous m'avez oublié? Vous pensez vous en tirer avec
vos « passez muscade » et vos tours de « passe-passe ».
Vous vous souvenez du chien que —

> [*Faust, d'un charme, le rend muet*] *Les Rustres
> sortent*

L'HÔTESSE

Qui va payer la bière? Vous m'entendez, Maître Docteur, maintenant que vous avez fait partir mes clients,
je vous le demande, qui va me payer la b—

> [*Faust, d'un charme, la rend muette*] *Sort
> l'hôtesse*

LA DUCHESSE [*au Duc*]

Monseigneur,

We are much beholding to this learnèd man.

DUKE

So are we, madam, which we will recompense
With all the love and kindness that we may.
125 His artful sport drives all sad thoughts away.
        Exeunt

Nous sommes très redevables à cet homme si savant.

LE DUC

Mais nous aussi, madame. Il sera récompensé
Par notre amour et par tous nos bienfaits.
Son art est un plaisir qui chasse les idées noires.
Ils sortent

[V.1]

Thunder and lightning. Enter Devils with covered dishes. Mephistopheles leads them into Faustus's study. Then enter Wagner

WAGNER

I thing my master means to die shortly.
He has made his will and given me his wealth :
His house, his goods, and store of golden plate,
Besides two thousand ducats ready coined.
5 I wonder what he means. If death were nigh,
[He would not banquet, and carouse, and swill
Amongst the students, as even now he doth,
Who are at supper with such belly-cheer] (A)
As Wagner in his life ne'er saw the like.
10 And see where they come. Belike the feast is done.
Exit [Wagner.] Enter Faustus, Mephistopheles, and two or three Scholars

FIRST SCHOLAR

Master Doctor Faustus, since our conference about
fair ladies—which was the beautifullest in all the
world—we have determined with ourselves that Helen
of Greece was the admirablest lady that ever lived.
15 Therefore, Master Doctor, if you will do us so much

[ACTE V]

[Scène 1]

Coups de tonnerre et éclairs. Entrent les démons avec des plats couverts. Méphistophélès les fait entrer dans le cabinet de Faust
Wagner entre ensuite

WAGNER

Mon maître doit penser qu'il va bientôt mourir :
Il a fait son testament et me lègue sa fortune,
Sa maison, ses biens et sa vaisselle d'or,
Ainsi que deux mille ducats en espèces sonnantes.
Qu'a-t-il donc dans la tête ? Si la mort était proche,
[Il ne s'amuserait pas ainsi à festoyer, boire et ripailler
Avec des étudiants, comme il fait à cette heure ?
Ils sont tous à souper et font un festin] (A)
Comme jamais Wagner n'en a vu de sa vie.
Attention ! les voici. Je parie que la fête est finie.

    Sort [Wagner]
    Entrent Faust et Mépistophélès, et deux ou trois clercs

PREMIER CLERC

Maître Docteur Faust, depuis notre entretien sur les jolies femmes, pour savoir laquelle était la plus belle du monde, nous avons décidé entre nous qu'Hélène de Grèce était la plus admirable dame qui ait jamais existé. C'est pourquoi, Maître Docteur, si vous pou-

favour as to let us see that peerless dame of Greece,
whom all the world admires for majesty, we should
think ourselves much beholding unto you.

FAUSTUS

Gentlemen,
20 For that I know your friendship is unfeigned,
It is not Faustus' custom to deny
The just request of those that wish him well :
You shall behold that peerless dame of Greece,
No otherwise for pomp or majesty
25 Than when Sir Paris crossed the seas with her
And brought the spoils to rich Dardania.
Be silent then, for danger is in words.
            [*Mephistopheles goes to the door.*] *Music sound*[*s*].
            *Mephistopheles brings in Helen. She passeth over
            the stage*

SECOND SCHOLAR

[Too simple is my wit to tell her praise,
Whom all the world admires for majesty.

THIRD SCHOLAR

30 No marvel though the angry Greeks pursued
With ten years' war the rape of such a queen,
Whose heavenly beauty passeth all compare.

FIRST SCHOLAR

Since] (A) we have seen the pride of nature's work,
We'll take our leaves, and for this blessed sight
35 Happy and blest be Faustus evermore.

FAUSTUS

Gentlemen, farewell. The same wish I to you.
            Exeunt Scholars. Enter an Old Man

viez nous faire la faveur de nous montrer cette
incomparable dame de Grèce, dont tout le monde
admire la majesté, nous vous en serions très obligés.

FAUST

Messieurs,
Comme je sais que votre amitié n'est pas feinte,
Et que Faust n'a pas pour habitude de refuser
Les justes requêtes de ceux qui l'aiment bien,
Vous allez contempler l'incomparable dame de Grèce
Telle qu'elle est apparue, en grande pompe et en
[majesté,
À messire Pâris quand avec elle il sillonna la mer
Pour l'emmener captive jusqu'à l'opulente Darda-
[nie [81].
Silence maintenant, les mots sont dangereux !
    *[Méphistophélès va à la porte] Musique. Méphis-
    tophélès fait entrer Hélène. Elle traverse la scène*

DEUXIÈME CLERC

[Mon esprit est trop simple pour chanter ses louanges,
Elle dont l'univers entier admire la majesté.

TROISIÈME CLERC

On ne s'étonne pas que les Grecs en colère
Aient guerroyé dix ans à cause du rapt de cette reine
À la beauté divine autant qu'incomparable.

PREMIER CLERC

Puisque] (A) nous avons vu l'orgueil de la nature,
L'unique perfection, parangon d'excellence,
Partons, et pour cet exploit glorieux,
Souhaitons à Faust le bonheur et la grâce.

FAUST

Adieu, messieurs, je fais pour vous les mêmes vœux.
    Sortent les clercs. Entre un vieillard

OLD MAN

O gentle Faustus, leave this damnèd art,
This magic, that will charm thy soul to hell
And quite bereave thee of salvation!
40 Though thou hast now offended like a man,
Do not persever in it like a devil.
Yet, yet thou hast an amiable soul,
If sin by custom grow not into nature.
Then, Faustus, will repentance come too late;
45 Then thou art banished from the sight of heaven.
No mortal can express the pains of hell.
It may be this my exhortation
Seems harsh and all unpleasant. Let it not,
For, gentle son, I speak it not in wrath
50 Or envy of thee, but in tender love
And pity of thy future misery;
And so have hope that this my kind rebuke,
Checking thy body, may amend thy soul.

FAUSTUS

[Where art thou, Faustus? Wretch, what hast thou
                                         [done?
55 Damned art thou, Faustus, damned! Despair and
                                         [die!] (A)
Hell claims his right, and with a roaring voice
Says, "Faustus, come! Thine hour is almost come."
                Mephistopheles gives him a dagger
And Faustus now will come to do thee right.
                [*Faustus prepares to stab himself*]

OLD MAN

O, stay, good Faustus, stay thy desperate steps!
60 I see an angel hover o'er thy head,
And with a vial full of precious grace
Offers to pour the same into thy soul.
Then call for mercy and avoid despair.

FAUSTUS

O friend, I feel thy words to comfort my distressèd
                                         [soul.

LE VIEILLARD

Mon bon Faust, délaisse cet art maudit,
Cette magie dont les charmes vont mener ton âme en
                                                    [Enfer,
Et à jamais te priver du salut. Bien que tu aies
Jusqu'à présent péché comme un homme,
Ne persévère pas comme un diable dans le mal.
Pourtant, tu as une âme aimable, et si désormais
L'habitude du péché est une seconde nature
Alors, Faust, le repentir arrivera trop tard
Et tu ne pourras plus contempler le ciel !
Nul mortel ne peut dire les tourments de l'Enfer.
Sans doute cette exhortation te semble-t-elle sévère
Autant que déplaisante. Elle ne se veut pas telle
Car, mon doux fils, je parle sans colère,
Sans envie aucune mais avec un doux amour
Et beaucoup de pitié pour tes maux à venir.
C'est pourquoi, je garde espoir que mon tendre
                                                    [reproche,
En mortifiant ta chair, amendera ton âme.

FAUST

[Où es-tu pauvre Faust ? Misérable, qu'as-tu fait ?
Damné, tu es damné, n'espère plus et meurs !] (A)
          Méphistophélès lui tend un poignard
L'Enfer réclame son dû en hurlant et s'écrie :
« Viens, Faust. Ton heure est presque arrivée. »
Faust désormais est prêt à te payer sa dette.]
          [*Faust s'apprête à se servir du poignard*]

LE VIEILLARD

Arrête, mon bon Faust, arrête ces gestes désespérés.
Je vois planer un ange au-dessus de ta tête,
Il apporte un flacon plein de précieuse grâce
Et s'offre à le verser sur ton âme malade :
Implore sa pitié et fuis le désespoir.

FAUST

Ami, je sens le réconfort
Que tes paroles apportent à mon âme en détresse.

65 Leave me a while to ponder on my sins.

OLD MAN

Faustus, I leave thee, but with grief of heart,
Fearing the enemy of thy hapless soul.
      Exit [Old Man]

FAUSTUS

Accursèd Faustus, [where is mercy now?] (A)
I do repent, and yet I do despair.
70 Hell strives with grace for conquest in my breast.
What shall I do to shun the snares of death?

MEPHISTOPHELES

Thou traitor, Faustus, I arrest thy soul
For disobedience to my sovereign lord.
Revolt, or I'll in piecemeal tear thy flesh.

FAUSTUS

75 I do repent I e'er offended him.
Sweet Mephistopheles, entreat thy lord
To pardon my unjust presumption,
And with my blood again I will confirm
The former vow I made to Lucifer.

MEPHISTOPHELES

80 Do it then, Faustus, with unfeignèd heart,
Lest greater dangers do attend thy drift.
      [Faustus cuts his arm and writes with his blood]

FAUSTUS

Torment, sweet friend, that base and agèd man
That durst dissuade me from thy Lucifer,
With greatest torment that our hell affords.

MEPHISTOPHELES

85 His faith is great. I cannot touch his soul.
But what I may afflict his body with

Laisse-moi un moment penser à mes péchés.

LE VIEILLARD

Je t'abandonne, Faust, mais le cœur douloureux,
Car je crains l'ennemi de ton âme meurtrie.
    Sort [le vieillard]

FAUST

Malheureux Faust, [où est à présent le pardon?] (A)
Je me repens, c'est vrai, et pourtant je désespère.
L'Enfer et la grâce essaient de conquérir mon cœur.
Que faire pour esquiver les pièges de la mort?

MÉPHISTOPHÉLÈS

Tu es un traître, Faust, et j'arrête ton âme
Pour désobéissance à mon souverain maître :
Reviens sur tes paroles ou je te déchiquette.

FAUST

Oui je me repens si je l'ai offensé.
Doux Méphistophélès, supplie ton souverain
De pardonner ma sotte présomption
Et je suis prêt à reconfirmer de mon sang
Le serment jadis fait à Lucifer.

MÉPHISTOPHÉLÈS

Alors fais-le Faust avec un cœur sans feinte
Car, à trop balancer, tu cours de pires dangers.
    [Faust s'entaille le bras et écrit avec son sang]

FAUST

Mon doux ami, torture-moi cet infâme vieillard
Qui osa m'écarter, moi, de ton Lucifer,
Et fais-lui subir les pires supplices de notre Enfer.

MÉPHISTOPHÉLÈS

Sa foi est grande. Je ne peux pas toucher son âme,
Et tout ce qui pourra l'affliger dans sa chair,

I will attempt, which is but little worth.

FAUSTUS

One thing, good servant, let me crave of thee
To glut the longing of my heart's desire :
90 That I may have unto my paramour
That heavenly Helen, which I saw of late,
Whose sweet embraces may extinguish clear
Those thoughts that do dissuade me from my vow,
And keep my vow I made to Lucifer.

MEPHISTOPHELES

95 This, or what else my Faustus shall desire,
Shall be performed in twinkling of an eye.
*Enter Helen again [brought in by Mephisto-
pheles], passing over between two Cupids*

FAUSTUS

Was this the face that launched a thousand ships
And burnt the topless towers of Ilium?
Sweet Helen, make me immortal with a kiss.
[They kiss]
100 Her lips suck forth my soul. See where it flies!
Come, Helen, come, give me my soul again.
[They kiss again]
Here will I dwell, for heaven is in these lips,
And all is dross that is not Helena.
I will be Paris, and for love of thee
105 Instead of Troy shall Wittenberg be sacked,
And I will combat with weak Menelaus,
And wear thy colours on my plumèd crest.
Yea, I will wound Achilles in the heel
And then return to Helen for a kiss.
110 O, thou art fairer than the evening's air,
Clad in the beauty of a thousand stars.
Brighter art thou than flaming Jupiter
When he appeared to hapless Semele,
More lovely than the monarch of the sky

Je m'en vais l'essayer, mais c'est très peu de chose.

FAUST

Fidèle serviteur, une faveur encore
Pour assouvir l'ardente passion de mon cœur :
Je voudrais avoir pour maîtresse
Cette divine Hélène que j'ai vue tout à l'heure,
Elle dont la douce étreinte pourrait bien balayer
Ces pensées qui me poussent à trahir mon serment
Et je respecterai le pacte signé avec Lucifer.

MÉPHISTOPHÉLÈS

Ce désir ou tout autre exprimé par mon Faust,
En un clin d'œil sera exécuté ici.
          *Entre Hélène à nouveau [amenée par Méphisto-
          phélès], entre deux Cupidons marchant*

FAUST

Est-ce là le visage qui jeta mille vaisseaux à la mer
Et qui incendia les tours altières de la ville de Troie ?
Douce Hélène, un baiser et je suis immortel.
          [*Ils s'embrassent*]
Ses lèvres aspirent mon âme, voyez où elle s'envole !
Viens, Hélène, reviens, rends-moi mon âme.
          [*Ils s'embrassent à nouveau*]
C'est ici que je veux vivre, le ciel est dans ces lèvres
Et tout ce qui n'est pas Hélène est sans saveur aucune.
Je veux être Pâris et pour l'amour de toi,
Mettre à sac Wittenberg à la place de Troie.
J'affronterai en duel le pauvre Ménélas
Et tes couleurs orneront mon casque empanaché,
Puis, au talon je blesserai le fier Achille.
Avant de revenir pour un baiser d'Hélène.
Ô, toi qui es plus belle que l'air du soir
Parée de la beauté de mille et une étoiles,
Toi, qui as plus d'éclat que Jupiter en flammes,
Quand il vint éblouir la pauvre Sémélé[82],
Tu es plus belle que le monarque du ciel

115 In wanton Arethusa's azure arms;
   And none but thou shalt be my paramour.
       Exeunt [Faustus and Helen, with Mephistopheles]

OLD MAN

[Accursèd Faustus, miserable man,
That from thy soul exclud'st the grace of heaven
And fliest the throne of His tribunal seat!
    Enter the Devils
120 Satan begins to sift me with his pride.
As in this furnace God shall try my faith,
My faith, vile hell, shall triumph over thee.
Ambitions fiends, see how the heavens smiles
At your repulse and laughs your state to scorn!
121 Hence, hell! For hence I fly unto my God.
      Exeunt] (A)

[V.2]

*Thunder. Enter Lucifer, Beelzebub, and Mephistopheles
[above]*

LUCIFER

Thus from infernal Dis do we ascend
To view the subjects of our monarchy,
Those souls which sin seals the black sons of hell,
'Mong which as chief, Faustus, we come to thee,
5 Bringing with us lasting damnation
To wait upon thy soul. The time is come
Which makes it forfeit.

MEPHISTOPHELES

           And this gloomy night
Here in this room will wretched Faustus be.

BEELZEBUB

And here we'll stay

Dans les bras azurés de l'ardente Aréthuse[83],
Et nulle autre que toi ne sera ma maîtresse.
    Sortent [Faust, Hélène et Méphistophélès]

LE VIEILLARD

[Maudit Faust, misérable mortel,
Qui refuses à ton âme la grâce du ciel,
Et fuis le trône où siège Son tribunal suprême!
    Entrent les démons
Avec son pouvoir, Satan veut me mettre à l'épreuve
Tout comme, dans cette fournaise, Dieu éprouvera
                              [ma foi,
Mais, ma foi, vil Enfer, triomphera de toi!
Ambitieux démons, voyez, le ciel se rit
De votre défaite, il se moque de votre pompe!
Arrière, Enfer, je vole vers mon Dieu.
    Ils sortent] (A)

[Scène 2]

*Coups de tonnerre. Entrent Lucifer, Belzébuth
et Méphistophélès [au-dessus]*

LUCIFER

Ainsi nous remontons de l'infernal Hadès
Pour voir tous les sujets de notre monarchie,
Ces âmes dont le vice a fait les noirs fils de l'Enfer;
Faust est leur chef et nous venons vers toi,
Apportant avec nous l'éternelle damnation,
Pour accompagner ton âme. L'heure est arrivée
Où tu dois la livrer.

MÉPHISTOPHÉLÈS

          Par cette sombre nuit,
Vous trouverez le malheureux Faust dans sa chambre.

BELZÉBUTH

Alors, nous resterons ici

10 To mark him how he doth demean himself.

MEPHISTOPHELES

How should he, but in desperate lunacy?
Fond worldling, now his heart-blood dries with grief;
His conscience kills it, and his labouring brain
Begets a world of idle fantasies
15 To overreach the devil. But all in vain.
His store of pleasures must be sauced with pain.
He and his servant Wagner are at hand,
Both come from drawing Faustus' latest will.
See where they come.
Enter Faustus and Wagner

FAUSTUS

20 Say, Wagner. Thou hast perused my will;
How dost thou like it?

WAGNER

Sir, so wondrous well
As in all humble duty I do yield
My life and lasting service for your love.
Enter the Scholars

FAUSTUS

Gramercies, Wagner.—Welcome, gentlemen.
[*Exit Wagner*]

FIRST SCHOLAR

25 Now, worthy Faustus, methinks your looks are changed.

FAUSTUS

O gentlemen!

SECOND SCHOLAR

What ails Faustus?

Pour observer comment il se comporte.

MÉPHISTOPHÉLÈS

Il n'aura plus alors que la folie du désespoir.
Mortel insensé, à présent le chagrin assèche ses
[artères,
Le remords l'étouffe et son cerveau fécond
Engendre un univers de vaines fantaisies
Pour tromper le démon, mais cela en vain
Car tout plaisir est suivi de souffrance.
Lui et son serviteur Wagner sont près d'ici,
Tous deux viennent d'écrire le testament de Faust.
Les voici qui arrivent.
Entrent Faust et Wagner

FAUST

Dis, Wagner, toi qui as lu de près mon testament,
Comment le trouves-tu?

WAGNER

Si parfait, monsieur,
Qu'en toute humilité, je vous offre ma vie
En retour de votre amour pour moi.
Entrent les clercs

FAUST

Grand merci, Wagner. Bienvenue, messieurs.
[*Sort Wagner*]

PREMIER CLERC

Eh bien, noble Faust, votre mine a bien changé, il me
semble.

FAUST

Ah! messieurs!

DEUXIÈME CLERC

De quoi Faust souffre-t-il?

FAUSTUS

Ah, my sweet chamber-fellow! Had I lived with thee,
then had I lived still, but now must die eternally.
30 Look, sirs, comes he not? Comes he not?

FIRST SCHOLAR

O my dear Faustus, what imports this fear?

SECOND SCHOLAR

Is all our pleasure turned to melancholy?

THIRD SCHOLAR [to the other Scholars]

He is not well with being over-solitary.

SECOND SCHOLAR

If it be so, we'll have physicians, and Faustus shall be
35 cured.

THIRD SCHOLAR [to Faustus]

'Tis but a surfeit, sir. Fear nothing.

FAUSTUS

A surfeit of deadly sin, that hath damned both body
and soul.

SECOND SCHOLAR

Yet, Faustus, look up to heaven, and remember mercy
40 is infinite.

FAUSTUS

But Faustus' offence can ne'er be pardoned. The serpent that tempted Eve may be saved, but not Faustus.

FAUST

Ah, mon doux compagnon de chambre, si j'avais continué à vivre à tes côtés, j'aurais vécu tranquille, mais maintenant je dois mourir d'une mort éternelle. Regardez, messieurs, il ne vient pas? Est-ce qu'il ne vient pas?

PREMIER CLERC

Mais, mon doux Faust, que signifie cette peur?

DEUXIÈME CLERC

Tout notre plaisir se change-t-il en mélancolie?

TROISIÈME CLERC [*aux deux autres*]

Il n'a pas supporté sa trop grande solitude.

DEUXIÈME CLERC

Dans ce cas, nous allons appeler des médecins, et Faust sera guéri.

TROISIÈME CLERC [*à Faust*]

Ce n'est qu'un petit excès, monsieur, n'ayez pas peur.

FAUST

Un excès de péché mortel, qui m'a damné corps et âme.

DEUXIÈME CLERC

Mais, Faust, lève les yeux au ciel et souviens-toi que la miséricorde de Dieu est infinie.

FAUST

Mais l'offense de Faust ne peut être pardonnée. Le serpent qui a tenté Ève sera peut-être sauvé, mais pas Faust. Ah! messieurs, écoutez-moi avec patience et ne

O gentlemen, hear with patience, and tremble not at
my speeches. Though my heart pant and quiver to
45 remember that I have been a student here these thirty
years, O, would I had never seen Wittenberg, never
read book! And what wonders I have done, all Germany can witness, yea, all the world, for which Faustus hath lost both Germany and the world, yea, hea-
50 ven itself—heaven, the seat of God, the throne of the
blessed, the kingdom of joy—and must remain in hell
for ever. Hell, O, hell for ever! Sweet friends, what
shall become of Faustus, being in hell for ever?

SECOND SCHOLAR

Yet, Faustus, call on God.

FAUSTUS

55 On God, whom Faustus hath abjured? On God,
whom Faustus hath blasphemed? O my God, I would
weep, but the devil draws in my tears. Gush forth
blood instead of tears, yea, life and soul. O, he stays
my tongue! I would lift up my hands, but see, they
60 hold 'em, they hold 'em.

ALL

Who, Faustus?

FAUSTUS

Why, Lucifer and Mephistopheles. O gentlemen, I
gave them my soul for my cunning.

ALL

O, God forbid!

FAUSTUS

65 God forbade it indeed, but Faustus hath done it. For
the vain pleasure of four-and-twenty years hath Faus-

tremblez pas à mes paroles. Bien que mon cœur soupire et frémisse quand je pense que j'ai passé trente ans dans cette université. Oh, je voudrais n'avoir jamais connu Wittenberg, jamais ouvert un seul livre ! Tous les prodiges que j'ai accomplis, toute l'Allemagne, le monde entier peuvent en témoigner : c'est pour eux que Faust a perdu l'Allemagne, qu'il a perdu le monde et qu'il a perdu le ciel, le ciel, siège de Dieu, trône des élus, royaume de la joie éternelle. Et Faust, à jamais, doit rester en Enfer. L'Enfer, ah ! l'Enfer pour toujours ! Mes doux amis, qu'adviendra-t-il de Faust qui doit pour toujours se trouver en Enfer ?

TROISIÈME CLERC

Voyons, Faust, invoque Dieu.

FAUST

Dieu ? Dieu que Faust a renié ? Dieu que Faust a blasphémé ? Ah ! mon Dieu, je voudrais pouvoir pleurer, mais le démon fait refluer mes larmes. Que mon sang jaillisse à la place des larmes, que ma vie et mon âme s'arrachent de moi ! Ah ! il me cloue la langue ! Je voudrais lever les mains au ciel, mais voyez, ils les retiennent, ils les retiennent.

TOUS

Qui ça Faust ?

FAUST

Qui ? Mais Lucifer et Méphistophélès. Ah ! messieurs, je leur ai donné mon âme en échange de ma science.

TOUS

Oh, à Dieu ne plaise !

FAUST

Cela ne plaisait pas à Dieu, en effet, et pourtant Faust l'a fait. Pour vingt-quatre années de vains plaisirs,

tus lost eternal joy and felicity. I writ them a bill with mine own blood. The date is expired. This is the time, and he will fetch me.

FIRST SCHOLAR

70 Why did not Faustus tell us of this before, that divines might have prayed for thee?

FAUSTUS

Oft have I thought to have done so, but the devil threatened to tear me in pieces if I named God, to fetch me body and soul if I once gave ear to divinity. 75 And now 'tis too late. Gentlemen, away, lest you perish with me.

SECOND SCHOLAR

O, what may we do to save Faustus?

FAUSTUS

Talk not of me, but save yourselves and depart.

THIRD SCHOLAR

God will strengthen me. I will stay with Faustus.

FIRST SCHOLAR [to the Third Scholar]

80 Tempt not God, sweet friend, but let us into the next room and pray for him.

FAUSTUS

Ay, pray for me, pray for me! And what noise soever you hear, come not unto me, for nothing can rescue me.

SECOND SCHOLAR

85 Pray thou, and we will pray that God may have mercy upon thee.

Faust a perdu la joie et la félicité éternelles. J'ai signé un pacte avec mon sang. Le terme est échu, l'heure est proche, il va venir me chercher.

PREMIER CLERC

Pourquoi Faust ne nous a-t-il pas dit cela plus tôt? Des hommes d'Église auraient pu dire des prières pour toi.

FAUST

J'y ai souvent pensé. Mais le démon menaçait de me mettre en pièces si je citais le nom de Dieu et de venir prendre et mon corps et mon âme si jamais je prêtais une oreille complaisante à la religion. Maintenant, il est trop tard. Messieurs, allez-vous-en, de peur de périr avec moi!

DEUXIÈME CLERC

Mais que faire pour sauver Faust?

FAUST

Ne parlez pas de moi, sauvez-vous, partez.

TROISIÈME CLERC

Dieu me donnera la force. Je veux rester auprès de Faust.

PREMIER CLERC [au troisième clerc]

Ne tente pas Dieu, mon doux ami. Passons plutôt dans la salle à côté et là, prions pour lui.

FAUST

Oui, c'est cela, priez pour moi, priez pour moi! Et, quel que soit le bruit que vous pourrez entendre, ne venez pas me voir car rien ne peut plus me sauver.

DEUXIÈME CLERC

Fais tes prières et nous aussi nous prierons pour que Dieu ait pitié de toi.

FAUSTUS

Gentlemen, farewell. If I live till morning, I'll visit
you; if not, Faustus is gone to hell.

ALL

Faustus, farewell.
        Exeunt Scholars

MEPHISTOPHELES

90   Ay, Faustus, now thou hast no hope of heaven;
Therefore despair. Think only upon hell,
For that must be thy mansion, there to dwell.

FAUSTUS

O thou bewitching fiend, 'twas thy temptation
Hath robbed me of eternal happiness.

MEPHISTOPHELES

95   I do confess it, Faustus, and rejoice.
'Twas I that, when thou wert i'the way to heaven,
Dammed up thy passage. When thou took'st the book
To view the Scriptures, then I turned the leaves
And led thine eye.
100   What, weep'st thou? 'Tis too late. Despair, farewell!
Fools that will laugh on earth must weep in hell.
        *Exit [Mephistopheles]. Enter the Good Angel and
        the Bad Angel at several doors*

GOOD ANGEL

O Faustus, if thou hadst given ear to me,
Innumerable joys had followed thee.
But thou didst love the world.

BAD ANGEL

                                Gave ear to me,

FAUST

Adieu, messieurs. Si demain matin je suis encore en
vie, j'irai vous voir. Sinon, c'est que Faust est parti en
Enfer.

TOUS

Adieu, Faust!
  Sortent les clercs

MÉPHISTOPHÉLÈS

Eh bien, Faust, tu n'as désormais plus rien à attendre
                                              [du ciel.
Il faut désespérer, ne penser qu'à l'Enfer,
Car là est ta demeure, c'est là que tu dois vivre.

FAUST

Ô, démon qui m'as ensorcelé, c'est toi qui m'as tenté
C'est toi qui m'as privé du bonheur éternel.

MÉPHISTOPHÉLÈS

Oui, Faust, je le confesse et je m'en réjouis.
C'est moi qui t'ai barré[84] la route alors que tu étais
Sur le chemin du ciel. Quand tu as voulu lire
Les saintes écritures, c'est moi qui tournais
Les pages et qui guidais tes yeux.
Quoi, tu pleures? Il est trop tard, désespère, adieu!
Les sots qui rient sur terre pleureront en Enfer.
  Sort [Méphistophélès]
  Le bon ange et le mauvais ange entrent par des
  portes différentes

LE BON ANGE

Ah! Faust, si tu avais bien voulu m'écouter,
Tu aurais pu connaître des joies sans nombre,
Mais c'est ce monde-ci que tu as préféré.

LE MAUVAIS ANGE

C'est moi qu'il a écouté. Alors il doit à présent

105 And now must taste hell's pains perpetually.

GOOD ANGEL

O, what will all thy riches, pleasures, pomps
Avail thee now?

BAD ANGEL

                    Nothing but vex thee more,
To want in hell, that had on earth such store.
                    Music while the throne descends

GOOD ANGEL

O, thou hast lost celestial happiness,
110 Pleasures unspeakable, bliss without end.
Hadst thou affected sweet divinity,
Hell or the devil had had no power on thee.
Hadst thou kept on that way, Faustus, behold
In what resplendent glory thou hadst set
115 In yonder throne, like those bright shining saints,
And triumphed over hell. That hast thou lost.
And now, poor soul, must thy good angel leave thee.
The jaws of hell are open to receive thee.
              [*The throne ascends.*] *Exit* [*Good angel*]. *Hell is
              discovered*

BAD ANGEL

Now, Faustus, let thine eyes with horror stare
120 Into that vast perpetual torture-house.
There are the Furies tossing damnèd souls
On burning forks; their bodies boil in lead.
There are live quarters broiling on the coals,
That ne'er can die. This ever-burning chair

Perpétuellement ressentir les peines de l'Enfer.

LE BON ANGE

Ces richesses, ces plaisirs et toute cette pompe,
À quoi te servent-elles maintenant?

LE MAUVAIS ANGE

                 À rien, sinon à te
                 [faire souffrir un peu plus
D'être privé en Enfer des biens dont tu jouissais sur
                                     [terre.
On entend une musique pendant que le trône des-
cend

LE BON ANGE

Ô, tu as perdu la béatitude céleste,
Des plaisirs indicibles et un bonheur sans fin.
Si tu avais suivi la douce théologie,
L'Enfer ou le démon n'auraient pas eu prise sur toi.
Si tu avais suivi ce chemin, Faust, regarde
Avec quelle éclatante gloire tu aurais siégé là,
Sur le trône, à l'instar de ces saints radieux.
Tu aurais ainsi triomphé de l'Enfer. Cela, tu l'as
                                   [perdu.
Et maintenant, pauvre âme, ton bon ange te quitte.
Pour toi l'Enfer ouvre grand ses mâchoires.
        [*Le trône céleste remonte.*] *Sort* [*le bon ange*].
        L'Enfer est grand ouvert

LE MAUVAIS ANGE

À présent, Faust, que tes yeux s'écarquillent d'horreur,
En découvrant la vaste chambre des tortures éternelles.
Les Furies qui lancent les damnés sur leurs fourches
                                  [rougies
Mettent leurs corps sur du plomb en fusion.
Là, des quartiers vivants grillent sur des charbons
Qui ne s'éteignent jamais. Cette chaise de feu

125 Is for o'er-tortured souls to rest them in.
    These that are fed with sops of flaming fire
    Were gluttons, and loved only delicates,
    And laughed to see the poor starve at their gates.
    But yet all these are nothing. Thou shalt see
130 Ten thousand tortures that more horrid be.

FAUSTUS

O, I have seen enough to torture me!

BAD ANGEL

Nay, thou must feel them, taste the smart of all.
He that loves pleasure must for pleasure fall.
And so I leave thee, Faustus, till anon;
135 Then wilt thou tumble in confusion.
       Exit [Bad Angel]. The clock strikes eleven

FAUSTUS

O Faustus,
Now hast thou but one bare hour to live,
And then thou must be damned perpetually.
Stand still, you ever-moving spheres of heaven,
140 That time may cease and midnight never come!
    Fair nature's eye, rise, rise again, and make
    Perpetual day; or let this hour be but
    A year, a month, a week, a natural day,
    That Faustus may repent and save his soul!
145 *O lente, lente currite noctis equi!*
    The stars move still; time runs; the clock will strike;
    The devil will come, and Faustus must be damned.
    O, I'll leap up to heaven! Who pulls me down?
    [See, see where Christ's blood streams in the firma-
                                                        [ment!
150 One drop would save my soul, half a drop. Ah, my
                                                     [Christ!] (A)

À l'âme des maudits offre un peu de repos
Et ceux que l'on gave de bouillies de tisons
Étaient des gourmands au goût délicat
Qui se gaussaient du pauvre affamé à leur porte.
Mais tout ceci n'est rien, tu pourras bientôt voir
Dix mille autres tortures bien plus horribles encore.

FAUST

Assez! J'en ai assez vu de ces tortures!

LE MAUVAIS ANGE

Non, Faust, il te faut éprouver leur cuisante douleur.
Celui qui aime le plaisir, par le plaisir se perd.
Là-dessus, je te laisse, Faust, mais pas pour long-
[temps,
Car ensuite c'est la chute tout au fond du chaos.
        Sort [*le mauvais ange*]. *L'horloge sonne onze*
        heures

FAUST

Ah! Faust!
Tu n'as plus maintenant qu'une dernière heure à vivre,
Et tu devras alors être à tout jamais damné.
Vous, planètes du ciel, suspendez votre course,
Que s'arrête le temps et que jamais minuit ne sonne!
Œil du monde, beau soleil, lève-toi et engendre
Un jour sans fin, ou que cette heure soit
Un an, un mois, une semaine, une journée,
Pour que Faust se repente et qu'il sauve son âme!
O lente lente currite noctis equi[85]!
Les étoiles se meuvent, le temps s'écoule, l'horloge va
[sonner,
Le diable va venir, Faust doit être damné.
Ô, je veux bondir vers Dieu. Mais qu'est-ce qui me
[retient?
[Voyez, voyez, le sang du Christ ruisselle au firmament!
Une goutte, une demi-goutte et mon âme est sauvée.
                            [Ah, Christ!] (A)

Rend not my heart for naming of my Christ!
Yet will I call on him. O, spare me, Lucifer!
Where is it now? [and see where God
Stretcheth out his arm and bends his ireful brows!]
                                                                                    [(A)
155 Mountains and hills, come, come and fall on me,
      And hide me from the heavy wrath of heaven!
      No? Then will I headlong run into the earth.
      Gape, earth! O, no, it will not harbour me.
      You stars that reigned at my nativity,
160 Whose influence hath allotted death and hell,
      Now draw up Faustus like a foggy mist
      Into the entrails of yon labouring cloud,
      That when you vomit forth into the air,
      My limbs may issue from your smoky mouths,
165 But let my soul mount and ascend to heaven.
                    The watch strikes
      O, half the hour is past! 'Twill all be past anon.
      O God,
      [If thou wilt not have mercy on my soul,
      Yet for Christ's sake, whose blood hath ransomed me,
170 Impose some end to my incessant pain.
      Let Faustus live in hell a thousand years,
      A hundred thousand, and at last be saved.
      O, no end is limited to damnèd souls.] (A)
      Why wert thou not a creature wanting soul?
175 Or why is this immortal that thou hast?
      O, Pythagoras' *metempsychosis*, were that true,
      This soul should fly from me and I be changed
      Into some brutish beast.
      All beasts are happy, for, when they die,
180 Their souls are soon dissolved in elements;
      But mine must live still to be plagued in hell.
      Curst be the parents that engendered me!
      No, Faustus, curse thyself. Curse Lucifer,
      That hath deprived thee of the joys of heaven.
                    The clock strikes twelve

Ne me lacère pas le cœur quand j'invoque mon Christ!
Pourtant je veux l'implorer. Ah! épargne-moi Lucifer!
Où est-il maintenant? Il est parti? [Mais voyez Dieu
Qui tend le bras et plisse le front de colère.] (A)
Rochers et montagnes venez, écroulez-vous sur moi
Et sauvez-moi du poids de la fureur de Dieu!
Non, non, il n'y a rien à faire!
Alors, vite, que la terre m'engloutisse la tête la première.
Terre, ouvre-toi! Mais non, elle ne veut pas de moi.
Vous, étoiles régnant au jour de ma naissance,
Qui m'avez assigné et la mort et l'Enfer,
Attirez votre Faust comme un épais brouillard
Jusque dans les entrailles de cette nue bien pleine
De sorte que, quand elle vomira son eau dans les airs,
Mes membres jaillissent de ses bouches fumeuses[86]
Et que mon âme alors s'en aille tout droit au ciel.
       L'heure sonne
Ah! onze heures et demie! La fin est proche.
Ô Dieu,
[Si tu ne veux pas avoir pitié de mon âme,
Au moins pour Jésus-Christ qui m'a racheté de son
                                              [sang,
Fixe, je t'en prie, un terme à ma peine éternelle.
Fais que Faust en Enfer demeure plus de mille ans
Ou cent mille pourvu qu'un jour il soit sauvé.
Ah! Il n'y a pas de fin pour les âmes damnées.] (A)
Pourquoi n'es-tu pas une créature sans âme?
Pourquoi la tienne est-elle donc immortelle?
Ah! Pythagore, si ta métempsycose[87] était vraie,
Cette âme s'échapperait et je serais changé
En quelque bête fauve.
Toutes les bêtes sont heureuses.
Car, à l'heure de leur mort,
Leur âme retourne dissoute aux éléments.
La mienne ne doit vivre que les tortures de l'Enfer.
Maudits soient les parents qui m'ont donné la vie!
Non, Faust, maudis-toi toi-même. Maudis Lucifer
Qui t'a privé du ciel et de toutes ses joies.
       L'horloge sonne douze coups

185 It strikes, it strikes! Now, body, turn to air,
Or Lucifer will bear thee quick to hell.
O soul, be changed into small waterdrops,
And fall into the ocean, ne'er be found!
          Thunder, and enter the Devils
O, mercy, heaven, look not so fierce on me!
190 Adders and serpents, let me breathe a while!
Ugly hell, gape not. Come not, Lucifer!
I'll burn my books. O, Mephistopheles!
          Exeunt

[V.3]

Enter the Scholars

FIRST SCHOLAR

Come, gentlemen, let us go visit Faustus,
For such a dreadful night was never seen
Since first the world's creation did begin.
Such fearful shrieks and cries were never heard.
5 Pray heaven the doctor have escaped the danger.

SECOND SCHOLAR

O, help us, heaven! See, here are Faustus' limbs,
All torn asunder by the hand of death.

THIRD SCHOLAR

The devils whom Faustus served have torn him thus.
For, 'twixt the hours of twelve and one, methought
10 I heard him shriek and call aloud for help,
At which self time the house seemed all on fire
With dreadful horror of these damnèd fiends.

SECOND SCHOLAR

Well, gentlemen, thougt Faustus's end be such
As every Christian heart laments to think on,

Ah, c'est l'heure! L'heure a sonné! Mon corps,
                        [change-toi en air,
Ou Lucifer t'emportera tout vif en Enfer.
Ô mon âme, change-toi en petites gouttes d'eau,
Tombe dans l'océan pour disparaître à jamais!
      Coups de tonnerre. Entrent les démons
Ô ciel, pitié mon Dieu, ne me jette pas ces regards si
                                [terribles!
Vipères et serpents, laissez-moi respirer un instant!
Enfer hideux referme tes mâchoires! Arrière, Lucifer!
Je vais brûler mes livres. Ah! Méphistophélès!
    Ils sortent

[Scène 3]

Entrent les clercs

PREMIER CLERC

Venez, messieurs, rendons visite à Faust,
Car jamais on n'a vu nuit plus horrible
Depuis la création du monde,
Et jamais on n'entendit crier ni hurler aussi fort.
Prions le ciel que le docteur ait échappé au danger.

DEUXIÈME CLERC

Ciel! au secours! Regardez là, les membres de Faust
Gisent épars, tous arrachés par la main de la mort.

TROISIÈME CLERC

C'est là l'œuvre des diables que Faust a servis!
Car, entre minuit et une heure, il m'a semblé
L'entendre hurler et appeler à l'aide,
Au moment où ces lieux semblaient partir en
                                [flammes,
Dans l'effroyable horreur de ces damnés démons.

DEUXIÈME CLERC

Eh bien, messieurs, même si la fin de Faust est
                                [sombre
Au point de consterner tous les cœurs des chrétiens,

15 Yet, for he was a scholar, once admired
    For wondrous knowledge in our German schools,
    We'll give his mangled limbs due burial;
    And all the students, clothed in mourning black,
    Shall wait upon his heavy funeral.

        Exeunt

Puisqu'il était ce savant autrefois renommé en Alle-
                                                    [magne
À l'Université pour sa science admirable,
Nous donnerons à ses restes une digne sépulture,
Et ses étudiants en deuil, tous vêtus de noir,
S'en iront suivre ses tristes funérailles.
     Ils sortent

[EPILOGUE]

Enter Chorus

CHORUS

Cut is the branch that might have grown full straight,
And burnèd is Apollo's laurel bough
That sometime grew within this learnèd man.
Faustus is gone. Regard his hellish fall,
5 Whose fiendful fortune may exhort the wise
Only to wonder at unlawful things,
Whose deepness doth entice such forward wits
To practise more than heavenly power permits.
[*Exit*]
Terminat hora diem; terminat author opus.

[ÉPILOGUE]

Entre le chœur

LE CHŒUR

Coupée, la branche qui aurait pu pousser droit,
Et brûlé le laurier, emblème d'Apollon,
Naguère florissant chez cet homme savant.
Faust s'en est allé. Méditez sur sa chute infernale,
Son destin de démon doit exhorter les sages
À n'être que témoins des choses défendues,
Dont le profond mystère conduit les esprits forts
À passer les limites permises par le ciel.
    [*Il sort*]
Terminat hora diem; terminat author opus[88].

NOTES

1. Champ de bataille situé près du lac Trasimène dans le nord de l'Italie où les Carthaginois commandés par Hannibal infligèrent une sévère défaite à l'armée romaine en 217 avant J.-C.
2. Rhode ou Roda, ville située aux environs de Weimar dans le duché de Saxe-Altenberg.
3. Université qui fut l'un des berceaux du protestantisme puisqu'elle compta à la fois Luther et Mélanchton parmi ses étudiants.
4. On reconnaît là le mythe d'Icare (Ovide, *Métamorphoses*, livre VIII) cher à Marlowe en ce qu'il symbolise l'« *overreacher* » c'est-à-dire un personnage qui cherche à dépasser les limites de la condition humaine.
5. Nom donné à deux ouvrages d'Aristote sur la nature de la preuve.
6. « Être et ne pas être. » La formule n'est pas d'Aristote mais d'un certain Gorgias de Leontini cité par Sextus Empiricus dans *Adversus Mathematicos*, VII, 66.
7. Médecin grec du IIᵉ siècle après J.-C. qui était l'une des principales autorités médicales au Moyen Âge.
8. « Le médecin commence où s'arrête le sage. »
9. « Le but de la médecine est la santé du corps. » Adage d'Aristote dans l'*Éthique à Nicomaque*, 1094a. 8 (I. 3).
10. Empereur romain (527-565 de notre ère) qui fit codifier le droit romain dans les *Institutes* (voir *infra*).
11. « Si un unique objet revient à deux personnes, l'une préfère l'objet, et l'autre en veut le prix... »
12. « Un père ne peut déshériter son fils, à moins que... »
13. Il s'agit de la Vulgate, ou traduction latine de la Bible, codifiée au IVᵉ siècle par saint Jérôme.
14. « La mort est le terrible salaire du péché. »
15. Le terme est ici à prendre au sens de sciences occultes.
16. Prince espagnol, gouverneur général des Pays-Bas de 1579 à 1592 et figure détestée en Angleterre en tant que représentant de l'oppression catholique. Il était en outre l'un de ceux qui commandaient les troupes de l'invasion espagnole qui auraient dû débarquer en Angleterre à l'occasion de l'expédition de l'Invincible Armada de 1588. Cette allusion, moins de six années après cet événement glorieux autant que traumatique, devait valoir au personnage de Faust l'ovation du public populaire.

17. Embarcation à laquelle les forces néerlandaises mirent feu le 4 avril 1585 avant de la lancer contre le pont sur la Schelt construit à Anvers par le prince de Parme lors de son blocus de la ville. Là encore, cette ruse de guerre restée célèbre fait partie des hauts faits du protestantisme face à l'oppression catholique et espagnole aux Pays-Bas.

18. Poète à demi légendaire qui sert de guide à Énée lors de sa descente aux enfers (*Énéide*, VI, 666-667).

19. Henri Cornélius Agrippa de Nettesheim (1486-1535), médecin suisse d'obédience paracelsienne et magicien le plus célèbre de la Renaissance. Il avait la réputation de pouvoir évoquer les âmes des morts.

20. Le grec, l'hébreu et surtout le latin, langue universelle qui servait à converser avec les esprits.

21. Roger Bacon (1212-1292), philosophe franciscain d'Oxford et magicien réputé. Pietro d'Albano (1250-1316), philosophe et médecin italien qui avait la réputation d'être magicien et sorcier.

22. Terme scolastique désignant les propriétés essentielles d'un élément ou d'une chose.

23. « C'est ainsi que je prouve. » Expression de disputation scolastique.

24. Traduction du terme anglais *Dunces*. À l'origine, il servait à désigner les disciples du subtil théologien écossais Duns Scot (1265-1308). Plus tard, le mot fut appliqué aux sophistes, chicaneurs ou autres coupeurs de cheveux en quatre.

25. *Corpus naturale seu mobile :* corps qui est naturel ou soumis au changement. Formulation scolastique, héritée d'Aristote, servant en physique à définir la propriété qu'ont les corps naturels d'être soumis au mouvement ou au changement.

26. Traduction de l'expression anglaise *Place of execution* : il s'agit de la pièce où Faust, Valdès et Cornélius s'apprêtent à attaquer leur repas. Mais le mot *execution* introduit un jeu de mots sur le thème de l'exécution par pendaison. La traduction transpose ce calembour par un autre jouant sur la proximité phonologique des mots « pitance » et « potence » en français.

27. Il s'agit de la constellation d'Orion, dominante en hiver.

28. « Dieux de l'Achéron soyez-moi favorables ! Vive l'esprit en trois personnes de Jéhovah ! Salut à vous, esprits du feu, de l'air, de l'eau et de la terre ! Lucifer, prince de l'Orient, Belzébuth, monarque de l'Enfer brûlant et toi aussi Démogorgon, nous vous prions de bien vouloir faire apparaître Méphistophélès. »

29. « Pourquoi ce retard ? Par Jéhovah, par la Géhenne et l'eau bénite que je répands ici, par le signe de la croix que je fais à présent, que Méphistophélès en personne apparaisse pour répondre à mes ordres. »

30. « Méphistophélès, pourquoi ne pas revenir avec des habits de moine ? »

31. « Toi qui es mon disciple. »

32. Étoffe de soie unie et sans lustre. Le terme « pou de soie » traduit, par transposition, l'anglais *staveacre* qui désigne le « raisin

sauvage » ou graines de delphinium, qui étaient utilisés contre la vermine.

33. Les esprits censés assister sorciers et nécromants.

34. Jeux de mots sur « guilders », mot que Robin entend comme « gridirons », des grils, à la vue de pièces à trou. Il était alors courant de percer les « couronnes », c'est-à-dire les pièces françaises, en Angleterre dans la mesure où elles étaient suspectes. Par ailleurs, le terme de « French crown » était alors utilisé pour désigner familièrement la « couronne », ou calvitie, provoquée par le traitement de la syphilis par le mercure. Plus loin l'expression « English counters » fait allusion aux jetons utilisés alors par les marchands anglais.

35. Le jeu de mots sur « belch », qui signifie roter en anglais, est rendu ici par transposition.

36. À la fois cornes du diable et cornes du cocu (voir *infra*). Fente joue sur l'expression servant à désigner les pieds fourchus (pieds fendus en anglais) pour faire allusion à la « fente », c'est-à-dire à la vulve féminine.

37. Ces lapsus sur les noms du diable font allusion à l'italien « Bagnio », qui désignait d'abord la prison, puis le bordel par le biais des « établissements de bains » qui avaient mauvaise réputation, ou encore des bacs de sudation utilisés pour le traitement de la syphilis.

38. La puce a fait l'objet de nombreux poèmes licencieux à la Renaissance. Voir le célèbre poème de John Donne « The Flea ».

39. Littéralement : « Pour ainsi dire, en m'emboîtant le pas. »

40. Port marchand au nord-ouest de l'Allemagne qui abritait au XVIe siècle la flotte la plus importante d'Europe.

41. « Les malheureux trouvent leur réconfort dans la douleur des autres. » Ce proverbe latin, très célèbre au Moyen Âge et à la Renaissance, est attribué par certains à Sénèque (*De consolationae ad Polybium*, XII, 2).

42. « Tout est accompli. » Ce sont là les dernières paroles du Christ sur la croix et le blasphème est terrible ! Voir l'évangile selon saint Jean, XIX, 30.

43. « Homme, enivre-toi ! »

44. La reine de Saba qui mit à l'épreuve la sagesse de Salomon. Voir 1 Rois X.

45. Épisode en marge de l'*Iliade*, qui n'est pas dans Homère et qu'Ovide rapporte au livre V des *Héroïdes*. Pâris avait abandonné la nymphe Œnone pour la belle Hélène. Plus tard, blessé par une flèche empoisonnée dont Œnone est seule à posséder l'antidote, Pâris lui est amené pour qu'elle le soigne, ce qu'elle se refuse à faire. Pâris meurt et Œnone se tue ensuite, rongée par le remords.

46. Faust fait ici allusion à Amphion, le fondateur mythique de la ville de Thèbes (voir Ovide, *Métamorphoses*, livre VI). Selon la légende, il aurait assemblé les pierres des vastes murs d'enceinte grâce aux sons mélodieux d'une flûte (et non d'une harpe).

47. En position et en temps.

48. Croyance selon laquelle les anges, ou intelligences, dirigeaient la rotation des sphères célestes.

49. Ciel ou sphère cristalline, la sphère céleste qui avait été introduite pour rendre compte de la « trépidation des sphères ».

50. « À cause de leur inégal mouvement dépendant de l'ensemble. »

51. Allusion à un poème latin du Moyen Âge, *Elegia de pulice* (L'Élégie de la puce), faussement attribué à Ovide.

52. Le ciel était divisé en quatre parties équivalant aux quatre saisons de l'année. Un cercle solsticiel englobait les pôles nord et sud et passait à l'intersection des deux tropiques du Cancer et du Capricorne en des points correspondant aux solstices d'hiver et d'été. Le cercle des équinoxes passait à l'intersection de l'équateur en deux points qui correspondaient au début du printemps et de l'automne.

53. Faust parcourt de bas en haut l'ensemble des sphères mobiles. Le *primum mobile*, ou mouvement premier, était celui de la sphère mettant en mouvement toutes les autres.

54. Fête traditionnellement célébrée le 29 juin.

55. Au Moyen Âge, Virgile avait acquis une réputation de magicien et on lui attribuait la construction d'un ancien souterrain qui passait sous le promontoire du Pausilipe entre Naples et Pouzzoles.

56. Le texte A donne « *the rest* » au lieu de « *the east* », notation beaucoup plus vague, qu'on peut traduire par « et ailleurs ».

57. Sans doute parce qu'il s'agit de Rome et de l'Italie, la topographie des enfers prend une coloration nettement virgilienne avec l'évocation des fleuves qui y coulent : le Styx, l'Achéron, fleuve de l'affliction, le Phlégéton ici transformé en lac, le fleuve de feu. Il manque à cette évocation le Cocyte, fleuve des lamentations.

58. Dans un texte de 1530 sur la réforme des lois de l'Angleterre, Sir Richard Morison préconisait de remplacer les divertissements folkloriques appelés momeries (*folk mummings*) par des piécettes satiriques représentant le Pape sous un jour grinçant, de façon à rallier le peuple à la cause de l'anglicanisme. Voir sur ce point mon ouvrage, *Shakespeare et la fête*, Paris, Presses Universitaires de France, 1988, p. 76. On peut, à la lecture de ce passage, imaginer que Marlowe avait entendu parler du projet.

59. Il s'agit de piliers portables de procession qui symbolisaient telle dignité ou fonction.

60. Allusion à la victoire d'Hadrien IV (1154-59) sur Bruno, pape rival élu par l'Empereur du Saint Empire romain germanique. Le roi de Hongrie est, lui, un personnage fictif. Tout cet épisode, qui ne figure pas dans le texte A, est une adaptation très libre d'un passage du *Livre des martyrs* de John Foxe (II. 195-196). Foxe rappelle la confrontation entre le pape Alexandre III (1159-1181) et l'empereur Frédéric Barberousse, lors de laquelle Frédéric avait essayé d'installer un Pape rival, Victor IV. Frédéric avait finalement dû s'incliner et accepter de placer son cou sous le pied du Pape. Le prédécesseur d'Alexandre, Hadrien IV, quoique en conflit ouvert avec l'Empereur, n'avait nullement participé à cette cérémonie d'humiliation.

61. Cet adjectif était sans doute destiné à accroître le capital de

sympathie dont ce personnage pouvait jouir auprès du public élisabéthain.

62. Le Concile de Trente qui se tint, avec certaines interruptions, de 1545 à 1563 et qui devait jeter les bases du mouvement de la Contre-Réforme.

63. Allusion à l'excommunication d'Élisabeth Ire par le pape Pie V en 1570, qui la privait de son droit au trône d'Angleterre et appelait ses sujets, sous peine d'anathème, à se rebeller contre elle. La position de Faust ne pouvait donc que susciter les vivats des foules du théâtre de la Rose.

64. En fait, c'est exactement l'inverse puisque c'est le pape Hadrien (1154-1159) qui fut le prédécesseur d'Alexandre (1159-1181).

65. Là encore, Marlowe donne libre cours à sa fantaisie puisqu'il n'y a pas eu de pape de ce nom sous le règne de Sigismond (1368-1437), chef du Saint Empire romain germanique de 1411 à 1437.

66. Le jeu de mots sur « *light* » et « *heavy* » (« be assured our dreadful curse/To *light* as *heavy* as pains of hell ») introduit une antithèse et un oxymore (figure de rhétorique consistant à associer les contraires), tous deux riches de sens dans les paroles du pape. En effet, en même temps que tombe une sentence, à la fois lourde de conséquences et foudroyante de rapidité, ils ajoutent à tout cela une nuance d'ironie dramatique.

67. Nom venant du moyen anglais « *lollen* » signifiant grogner, marmonner et qui désignait les hérétiques anglais des xive et xve siècles qui s'attaquaient aux coutumes ecclésiastiques et réclamaient le retour de l'Église à la pauvreté. C'étaient des disciples de l'évêque Wyclif (1320-1384), opposé aux indulgences comme à la communion et qui préconisait un retour à la bible considérée comme seule source de foi. Reconnue schismatique, sa doctrine fut condamnée au concile de Constance (1414-1415).

68. « Bell, book and candle » : rite d'excommunication au cours duquel on sonnait une cloche, on fermait la Bible et on soufflait une chandelle. Voir sur ce point Jean-Marie Maguin, « Bell, book, and candle in *Macbeth* », *Cahiers élisabéthains* n° 12, octobre 1977, p. 65-68. Les croyances rejetées par les protestants sont ici tournées en dérision.

69. L'anglais comporte un jeu de mots sur « *between* » et « *beyond* » que je rends par transposition. Robin réplique au tavernier en disant que le gobelet n'est pas « entre » eux mais bien « au-dessus » et donc hors de sa portée.

70. Actéon, chasseur de Thèbes, avait surpris au bain Diane et ses nymphes. Pour le punir, la déesse de la chasteté l'avait métamorphosé en cerf, si bien que ses chiens, le prenant pour un animal, le pourchassèrent et finirent par le dévorer. Ovide relate cet épisode mythologique au livre III des *Métamorphoses* (voir aussi ci-dessous, IV.3).

71. Tenue conventionnelle des savants de l'époque. On notera toutefois la contradiction avec ce qui est dit de la barbe de Faust dans la scène suivante.

72. Certains éditeurs préfèrent lire ici « art » au lieu de « cœur » (*heart*), mais ceci ne change rien à l'absurdité de ce vers.

73. Benvolio veut dire que Faust lui a mis des cornes alors qu'il avait la tête au-dehors et qu'il ne peut plus la rentrer car les cornes débordent largement le cadre de la fenêtre où il s'était penché.

74. « *He must needs whom the devil drives.* » Littéralement : « Il doit partir celui que le diable pousse », équivalent anglais du proverbe « Nécessité fait loi ». En français, la transposition ne permet pas de garder l'allusion au diable et une traduction littérale aurait quelque chose d'un peu raide.

75. La ligne précédente comporte un jeu de mots sur « *haunted* » et « *hunted* », par allusion au mythe d'Actéon (voir *supra* IV. 2, note 70). Ici, Martino répond en plaisantant que ni lui ni ses compagnons ne sont prêts à se lancer à ses trousses car ils ne sont pas équipés pour la chasse.

76. Ces métamorphoses animales, inspirées d'Ovide et qui sont la marque du châtiment et de la malédiction, montrent assez le lien entre mythologie païenne et démonologie médiévale. Il est possible de voir dans cette scène la source de certains passages du *Songe d'une nuit d'été* (transformation de Bottom affublé d'une tête d'âne et séducteur inattendu de la reine des fées Titania) ou de *La Tempête* (magie de Prospéro qui punit le trio de conspirateurs comiques formés par Stéphano, Trinculo et Caliban en les plongeant dans la boue et en les faisant piquer par les bruyères et les buissons de l'île).

77. Ancienne principauté allemande formée de plusieurs enclaves situées à l'ouest du royaume de Saxe.

78. « Faire la figue » : geste obscène consistant à glisser le pouce entre deux doigts de la main ou dans la bouche en guise d'insulte.

79. L'anglais joue ici sur les sens transitif et intransitif de « *to commit* » (mettre en prison) et « *commit with* » (forniquer).

80. Allusion au Colosse de Rhodes dont les jambes écartées, à l'entrée du port, permettaient le passage des navires.

81. Autre nom de la ville de Troie qui avait été fondée par Dardanus sur l'Hellespont.

82. Sémélé avait demandé à Jupiter, qui était son amant, de lui apparaître dans toute sa gloire divine. Il accepta mais elle fut brûlée par la foudre, devenant ainsi, pour les mythographes de la Renaissance, l'emblème de la présomption, puis de la colère divine (voir Ovide, *Métamorphoses*, Livre III, 259-315).

83. La nymphe Aréthuse qui fuyait le désir très ardent du fleuve Alphée fut transformée en fontaine par Diane pour préserver sa chasteté. Faust parle cependant ici d'Aréthuse comme de l'une des conquêtes de Jupiter...

84. « *Damn'd up thy passage* » : l'anglais comporte un jeu de mots intraduisible sur « *dam* » (barrer) et « *damn* » (damner) qui se prononcent de manière identique.

85. « Lentement, allez plus lentement, ô coursiers de la nuit ! », Ovide, *Amours*, I. XII. 40. Le poète souhaite prolonger la nuit

dans les bras de sa maîtresse. Il y a là un écho cruellement ironique dans le contexte de la mort imminente et de la damnation,
mais le fait que le désir de rester en vie soit indirectement assimilé
à la volonté de prolonger le plaisir d'une nuit d'amour montre
que, jusqu'à sa dernière heure, Faust reste un incorrigible hédo-
niste.

86. À la suite d'Aristote (*Métaphysique*, II. 369a), on croyait à la
Renaissance que les éclairs étaient produits par le conflit d'une
exhalaison intense de vapeur d'eau et d'un nuage très chargé.
L'image que donne Faust de sa mort est donc celle d'un corps
déchiqueté par le souffle d'une explosion cosmique.

87. Il s'agit de la doctrine de la transmigration des âmes attribuée
au philosophe grec du IVe siècle Pythagore de Samos auquel
Ovide consacre le quinzième et dernier livre de ses *Métamorphoses*.

88. « L'heure met un terme au jour, et l'auteur à son œuvre. » Il
s'agit d'une formule conventionnelle, probablement ajoutée par
l'imprimeur.

ANNEXE

Variante du texte A (1)

[II, 2]

Enter Robin the ostler with a book in his hand

ROBIN

O, this is admirable! Here I ha' stol'n one of Doctor Faustus' conjuring books, and i'faith, I mean to search some circles for my own use. Now will I make all the maidens in our parish dance at my pleasure stark naked before me, and
5 so by that means I shall see more than e'er I felt or saw yet.
Enter Rafe, calling Robin

RAFE

Robin, prithee, come away. There's a gentleman tarries to have his horse, and he would have his things rubbed and made clean; he keeps such a chafing with my mistress about it, and she has sent me to look thee out. Prithee, come away.

ROBIN

10 Keep out, keep out, or else you are blown up, you are dismembered, Rafe! Keep out, for I am about a roaring piece of work.

RAFE

Come, what dost thou with that same book? Thou canst not read.

ROBIN

15 Yes, my master and mistress shall find that I can read—he

Variante du texte A (1)

[Acte II, scène 2]

Entre Robin le garçon d'écurie un livre à la main

ROBIN

Ah! voilà qui est admirable! Je viens de voler l'un des livres de magie du Docteur Faust et, ma foi, je vais y chercher quelques cercles pour mon usage personnel. À présent je m'en vais prendre toutes les filles de la paroisse et les faire danser nues devant moi pour mon plaisir et ainsi j'en verrai plus que j'en ai jamais vu ou palpé.
Entre Ralph qui appelle Robin.

RALPH

Allez, viens Robin. Il y a là un gentilhomme qui s'impatiente pour récupérer son cheval, et il veut qu'on frotte et qu'on nettoie ses affaires; il a parlé à ma maîtresse avec tant d'humeur qu'elle m'a envoyé te chercher. Allez, viens, je t'en prie.

ROBIN

Va-t'en, va-t'en, ou tu vas sauter, tu vas être démembré, Ralph! Va-t'en, car je m'apprête à faire un coup fumant.

RALPH

Allons, mais qu'est-ce que tu fais là avec un livre? Tu ne sais pas lire.

ROBIN

Oh que si, et mon maître et ma maîtresse vont s'apercevoir que je sais lire, lui sur son front et elle dans son intimité. Elle

for his forehead, she for her private study. She's born to
bear with me, or else my art fails.

RAFE

Why, Robin, what book is that?

ROBIN

What book? Why the most intolerable book for conjuring
20 that e'er was invented by any brimstone devil.

RAFE

Canst thou conjure with it?

ROBIN

I can do all these things easily with it : first, I can make thee
drunk with hippocras at any tavern in Europe for nothing.
That's one of my conjuring works.

RAFE

25 Our Master Parson says that's nothing.

ROBIN

True, Rafe; and more, Rafe, if thou hast any mind to Nan
Spit, our kitchen maid, then turn her and wind her to thy
own use as often as thou wilt, and at midnight.

RAFE

O brave Robin! Shall I have Nan Spit, and to mine own
30 use? On that condition I'll feed thy devil with horse-bread
as long as he lives, of free cost.

ROBIN

No more, sweet Rafe. Let's go and make clean our boots,
which lie foul upon our hands, and then to our conjuring, in
the devil's name.
    Exeunt

est née pour être montée par moi, ou alors ma science ne vaut rien.

RALPH

Mais, dis-moi, Robin, qu'est-ce que c'est que ce livre?

ROBIN

Ce livre? Eh bien, c'est le livre de magie le plus scandaleux qui ait jamais été inventé par le plus sulfureux des diables.

RALPH

Il te sert à faire des tours de magie?

ROBIN

Oui, je peux tout faire avec; d'abord, je peux te soûler gratis à l'hypocras dans n'importe quelle taverne d'Europe. C'est là un de mes tours.

RALPH

Le curé dira que tu n'as là aucun mérite.

ROBIN

C'est vrai, Ralph; mais si, en outre, tu as envie de la fille de cuisine, Ninon la Broche, tu pourras la tourner et la retourner à minuit tant que tu voudras pour ton plaisir personnel.

RALPH

Ah mon cher Robin! Je pourrais donc avoir Ninon la Broche à ma disposition? Dans ces conditions, je m'en vais nourrir le diable de pain toute sa vie sans qu'il ait à délier sa bourse.

ROBIN

Restons-en là, mon cher Ralph. Allons nettoyer nos bottes, qui nous salissent les mains, et puis nous irons faire nos tours de magie au nom du diable.
    Ils sortent

Variante du texte A (2)

[III, 2]

Enter Robin [with a conjuring book] and Rafe with a silver goblet

ROBIN

Come Rafe, did not I tell thee we were for ever made by this Doctor Faustus' book? *Ecce signum*[1]! Here's a simple purchase for horse-keepers. Our horses shall eat no hay as long as this lasts.
    Enter the Vintner

RAFE

5 But Robin, here comes the Vintner.

ROBIN

Hush, I'll gull him supernaturally.—Drawer, I hope all is paid. God be with you. Come, Rafe.
    [*They start to go*]

VINTNER [*to Robin*]

Soft, sir, a word with you. I must yet have a goblet paid from you ere you go.

ROBIN

10 I, a goblet? Rafe, I, a goblet? I scorn you, and you are but a etc. I, a goblet? Search me.

VINTNER

I mean so, sir, with your favour.
    [*The Vintner searches Robin*]

1. « Voici la preuve », écho de la messe.

Variante du texte A (2)

[Acte III, scène 2]

Entrent Robin [un livre de magie à la main] et Ralph avec
un gobelet d'argent

ROBIN

Viens, Ralph. Est-ce que je ne t'ai pas déjà dit que nous
étions à jamais sortis d'affaire grâce à ce livre du Docteur
Faust? *Ecce signum!* Voilà bien un bon coup pour les palfre-
niers. Nos chevaux ne vont pas manger du foin tant que ça
durera.

Entre l'Aubergiste

RALPH

Mais Robin, voici l'Aubergiste.

ROBIN

Tais-toi, je m'en vais lui jouer un tour surnaturel. — Garçon, tout est payé, j'espère. Que Dieu vous garde. Tu viens,
Ralph?

[Ils s'apprêtent à partir.]

L'AUBERGISTE [*à Robin*]

Pas si vite, Monsieur, un mot d'abord. Il vous faut me payer
un gobelet avant de partir.

ROBIN

Un gobelet, moi? Ralph, tu me vois moi avec un gobelet?
Vous êtes un moins que rien, et je vous méprise. Moi, un
gobelet? Fouillez-moi.

L'AUBERGISTE

C'est bien ce que j'ai l'intention de faire, avec votre permis-
sion.

[L'aubergiste fouille Robin]

ROBIN

How say you now?

VINTNER

I must say somewhat to your fellow—you, sir.

RAFE

15 Me, sir? Me, sir? Search your fill.
          [*He tosses the goblet to Robin; then the Vintner searches
          Rafe*]
Now, sir, you may be ashamed to burden honest men with a
matter of truth.

VINTNER

Well, t'one of you hath this goblet about you.

ROBIN

You lie, drawer, 'tis afore me. Sirrah, you, I'll teach ye to
20 impeach honest men. Stand by. I'll scour you for a goblet.
Stand aside, you had best, I charge you in the name of Beelzebub.
          [*He tosses the goblet to Rafe*]
Look to the goblet, Rafe.

VINTNER

What mean you, sirrah?

ROBIN

25 I'll tell you what I mean. [*He reads*]
"*Sanctobulorum Periphrasticon* !" Nay, I'll tickle you, Vintner. Look to the goblet, Rafe. "*Polypragmos Belseborams framanto pacostiphos tostu Mephistopheles!*" etc

ROBIN

Alors, vous êtes rassuré à présent?

L'AUBERGISTE

Je m'en vais dire deux mots à votre ami, à vous Monsieur.

RALPH

À moi, Monsieur? Moi, Monsieur? Fouillez-moi tant que
vous voudrez.
        [*Il lance le gobelet à Robin avant que l'aubergiste le
        fouille*]
Alors quoi, Monsieur, vous devriez avoir honte d'accuser les
honnêtes gens qui disent la vérité.

L'AUBERGISTE

Pour moi, c'est l'un de vous deux qui a ce gobelet sur lui.

ROBIN

Non, vous mentez, je l'ai devant les yeux[1]. Vous allez voir,
je m'en vais vous apprendre moi à accuser des honnêtes
gens. Restez-là et il va vous en cuire pour ce gobelet. Écar-
tez-vous, ce que vous avez de mieux à faire, je vous en
conjure, au nom de Belzébuth.
        [*Il lance le gobelet à Ralph*]
Attrape le gobelet, Ralph!

L'AUBERGISTE

Qu'est-ce que vous voulez dire par là, monsieur?

ROBIN

Je vais vous l'expliquer. [*Il lit*]
Sanctobulorum Periphrasticon! Maintenant, je m'en vais vous
chatouiller les côtes, monsieur l'aubergiste. Attention au
gobelet, Ralph! *Polypragmos Belseborams framanto pacostiphos tostu Mephistopheles!* etc.[2]

1. Robin s'amuse ici car il veut dire en fait que c'est Ralph, qui
est devant lui, qui a le gobelet sur lui.
2. Ce charabia est évidemment une parodie des incantations de
Faust à la scène 3 de l'acte I, mais on peut remarquer qu'elle réussit
néanmoins à faire venir Méphistophélès, ce dernier ayant été
nommé!

Enter to them Mephistopheles. [*Exit the Vintner, running*]

MEPHISTOPHELES

Monarch of hell, under whose black survey
30 Great potentates do kneel with awful fear,
Upon whose altars thousand souls do lie,
How am I vexèd with these villains' charms!
From Constantinople am I hither come
Only for pleasure of these damnèd slaves.

ROBIN

35 How, from Constantinople? You have had a great journey.
Will you take sixpence in your purse to pay for your supper
and be gone?

MEPHISTOPHELES

Well, villains, for your presumption I transform thee [*to
Robin*] into an ape and thee [*to Rafe*] into a dog. And so,
40 begone!
      [*They are transformed in shape*] *Exit* [*Mephistopheles*]

ROBIN

How, into an ape? That's brave. I'll have fine sport with the
boys; I'll get nuts and apples enough.

RAFE

And I must be a dog.

ROBIN

I'faith, thy head will never be out of the pottage pot.
      Exeunt

Variante du texte A (3)

[IV, 1]

Enter Emperor, Faustus [*Mephistopheles,*] *and a Knight, with
Attendants*

EMPEROR

Master Doctor Faustus, I have heard strange report of thy
knowledge in the black art—how that none in my empire,

Entre Méphistophélès. [Sort l'aubergiste en courant]

MÉPHISTOPHÉLÈS

Moi, le monarque de l'Enfer, qui d'un regard noir
Fais s'agenouiller les puissants terrifiés,
Et vois sur mes autels des milliers d'âmes offertes,
Comme je suis courroucé par les charmes de ces rustres!
J'accours à l'instant de Constantinople,
Pour faire plaisir à ces maudits esclaves.

ROBIN

Vraiment, de Constantinople? Vous avez fait un long
voyage. Avez-vous six sous dans votre bourse pour payer
votre souper et repartir?

MÉPHISTOPHÉLÈS

Eh bien, coquins, pour votre présomption, je m'en vais vous
changer toi [*à Robin*] en singe et toi [*à Ralph*] en chien. Et
maintenant, ouste, va-t'en!
    [*Ils changent de forme*] *Sort* [*Méphistophélès*]

ROBIN

En singe? Cà, c'est bien! Je m'en vais bien rire avec les
enfants; je vais avoir plein de pommes et de noix.

RALPH

Et moi, je dois être un chien.

ROBIN

M'est avis que tu ne vas jamais sortir la tête de la marmite.
    Ils sortent

Variante du texte A (3)

[Acte IV, scène 1]

*Entrent l'Empereur et sa suite, Faust, [Méphistophélès], et un
Chevalier*

L'EMPEREUR

Savant docteur Faust, j'ai entendu d'étranges histoires sur
tes connaissances en magie noire, selon lesquelles personne

nor in the whole world, can compare with thee for the rare
effects of magic. They say thou hast a familiar spirit by
5 whom thou canst accomplish what thou list. This, therefore,
is my request: that thou let me see some proof of thy skill,
that mine eyes may be witnesses to confirm what mine ears
have heard reported. And here I swear to thee, by the
honour of mine imperial crown, that whatever thou dost,
10 thou shalt be no ways prejudiced or endamaged.

KNIGHT [*aside*]

I'faith, he looks much like a conjurer.

FAUSTUS

My gracious sovereign, though I must confess myself far
inferior to the report men have published, and nothing ans-
werable to the honour of your imperial majesty, yet, for that
15 love and duty binds me thereunto, I am content to do whatsoever your majesty shall command me.

EMPEROR

Then, Doctor Faustus, mark what I shall say.
As I was sometime solitary set
Within my closet, sundry thoughts arose
20 About the honour of mine ancestors—
How they had won by prowess such exploits,
Got such riches, subdued so many kingdoms
As we that do succeed or they that shall
Hereafter possess our throne shall,
25 I fear me, never attain to that degree
Of high renown and great authority.
Amongst which kings is Alexander the Great,
Chief spectacle of the world's pre-eminence,
The bright shining of whose glorious acts
30 Lightens the world with his reflecting beams—
As when I hear but motion made of him,
It grieves my soul I never saw the man.
If, therefore, thou by cunning of thine art
Canst raise this man from hollow vaults below
35 Where lies entombed this famous conqueror,
And bring with him his beauteous paramour,
Both in their right shapes, gesture, and attire
They used to wear during their time of life,
Thou shalt both satisfy my just desire

au sein de mon empire ni dans le monde entier ne peut
t'égaler dans les miracles de cet art. On raconte qu'un esprit
familier te permet d'accomplir ce que tu veux. Voici donc
ma requête : que tu me donnes quelque preuve de ton
talent, pour que mes yeux puissent avoir la confirmation de
ce qui est parvenu à mes oreilles. Et je te jure, sur l'honneur
de ma couronne impériale, que rien de ce qui se passera ici
ne sera pour toi source de préjudice ou de dommage.

LE CHEVALIER [*à part*]

C'est vrai, il a vraiment l'allure d'un magicien.

FAUST

Mon gracieux souverain, bien que je doive m'avouer bien en
deçà de la réputation qui m'est faite, et indigne de l'honneur
que me fait votre majesté impériale, je veux bien cependant,
par amour autant que par devoir, me plier à tout ce que
votre Majesté m'ordonnera de faire.

L'EMPEREUR

Eh bien, Docteur Faust, écoute bien ce que je vais dire.
Un jour que je me trouvais là tout seul
Dans mon bureau, j'eus diverses pensées
Touchant à l'honneur de mes ancêtres,
Eux qui firent tant de prouesses et d'exploits,
Acquirent tant de richesses, soumirent tant de royaumes
Que nous, leur successeur, ou ceux qui après nous
Seront sur notre trône, ne pourrons jamais, je le crains,
Nous élever à un degré si haut
Pour ce qui est de la réputation ou de l'autorité.
Parmi ces rois figure Alexandre le Grand,
Tout premier sur le grand théâtre du monde,
Lui dont les actes glorieux brillent d'un tel éclat
Que leur reflet suffit à éclairer le monde.
Aussi, dès que je l'entends mentionner,
Je suis triste dans l'âme de ne l'avoir jamais vu.
Si donc, par le pouvoir que te confère ton art
Tu réussis à le tirer des profondeurs souterraines
Où gît dans sa tombe ce conquérant célèbre,
Et à l'accompagner de sa superbe amante,
Tous deux pareils au temps où ils vivaient,
Avec la même allure, les mêmes gestes et vêtements,
Tu pourras à la fois contenter mes justes désirs

40 And give me cause to praise thee whilst I live.

FAUSTUS

My gracious lord, I am ready to accomplish your request, so
far forth as by art and power of my spirit I am able to perform.

KNIGHT [*aside*]

I'faith, that's just nothing at all.

FAUSTUS

45 But if it like your grace, it is not in my ability to present
before your eyes the true substantial bodies of those two
deceased princes, which long since are consumed to dust.

KNIGHT [*aside*]

Ay, marry, Master Doctor, now there's a sign of grace in
you, when you will confess the truth.

FAUSTUS

50 But such spirits as can lively resemble Alexander and his
paramour shall appear before your grace in that manner that
they best lived in, in their most flourishing estate—which I
doubt not shall sufficiently content your imperial majesty.

EMPEROR

Go to, Master Doctor. Let me see them presently.

KNIGHT

55 Do you hear, Master Doctor? You bring Alexander and his
paramour before the emperor?

FAUSTUS

How then, sir?

KNIGHT

I'faith, that's as true as Diana turned me to a stag.

FAUSTUS

No, sir, but when Actæon died, he left the horns for you.

Et t'attirer mes louanges toute ta vie durant.

FAUST

Mon gracieux seigneur, je suis prêt à satisfaire votre requête, dans la mesure où mon art et la puissance de mon esprit m'y autorisent.

LE CHEVALIER [à part]

Ma foi, c'est donc trois fois rien.

FAUST

Mais, n'en déplaise à votre Grâce, il n'est pas en mon pouvoir de représenter devant vos yeux les corps véritables de ces deux princes décédés, eux qui sont depuis longtemps redevenus poussière.

LE CHEVALIER [à part]

Mais c'est bien sûr, Maître Docteur! Voilà maintenant un signe de grâce en vous, lorsque vous avouez la vérité.

FAUST

Mais je m'en vais faire apparaître devant votre Grâce des esprits qui seront l'image vivante d'Alexandre et de sa bien-aimée sous leur plus beau jour et dans la fleur de leur âge, ce qui, je n'en doute pas, devra amplement satisfaire votre Majesté.

L'EMPEREUR

Allons-y, Maître Docteur. Fais-les apparaître sur-le-champ.

LE CHEVALIER

Vous entendez, Maître Docteur? Vous allez amener Alexandre et sa bien-aimée devant l'Empereur?

FAUST

Que dites-vous, Monsieur?

LE CHEVALIER

Ma parole, aussi vrai que j'ai été changé en cerf par Diane.

FAUST

Non monsieur, mais Actéon, en mourant, vous a laissé ses cornes.

60 [*Aside to Mephistopheles*] Mephistopheles, begone!
    Exit Mephistopheles

KNIGHT

Nay, an you go to conjuring, I'll be gone.
    Exit Knight

FAUSTUS [*aside*]

I'll meet with you anon for interrupting me so.—Here they
are, my gracious lord.
    Enter Mephistopheles with Alexander and his Paramour

EMPEROR

Master Doctor, I heard this lady while she lived had a wart
65 or mole in her neck. How shall I know whether it be so or
no?

FAUSTUS

Your highness may boldly go and see.
    [*The Emperor makes an inspection, and then*] *exeunt
    Alexander* [*and his Paramour*]

EMPEROR

Sure these are no spirits, but the true substantial bodies of
those two deceased princes.

FAUSTUS

70 Will't please your highness now to send for the knight that
was so pleasant with me here of late?

EMPEROR

One of you call him forth
    [*An Attendant goes to summon the Knight.*] *Enter the
    Knight with a pair of horns on his head*
How now, sir knight? Why, I had thought thou hadst been a
bachelor, but now I see thou hast a wife, that not only gives
75 thee horns but makes thee wear them. Feel on thy head.

KNIGHT [*to Faustus*]

Thou damnèd wretch and execrable dog,
Bred in the concave of some monstrous rock,

[*À Méphistophélès, en aparté*] File, Méphistophélès !
    Sort Méphistophélès

LE CHEVALIER

Ah, si vous vous mettez à la magie, je m'en vais.
    Sort le chevalier

FAUST [*à part*]

Tu auras affaire à moi tout à l'heure pour m'avoir inter-
rompu de la sorte. Les voici, mon bon seigneur.
    Entrent Méphistophélès avec Alexandre et sa bien-aimée

L'EMPEREUR

Maître Docteur, j'ai entendu dire que, de son vivant, cette
dame avait une verrue ou un grain de beauté sur le cou.
Comment savoir si c'est vrai ou pas ?

FAUST

Votre Altesse peut aller le vérifier.
    [*L'Empereur va l'inspecter, à la suite de quoi*] *Alexandre*
    [*et sa bien-aimée*] *sortent*

L'EMPEREUR

Je suis certain que ce ne sont pas des esprits mais bien les
corps réels de ces deux princes décédés.

FAUST

Plaît-il à votre Altesse de faire venir le chevalier qui s'est
montré tout à l'heure si facétieux à mon égard ?

L'EMPEREUR

Que l'un de vous le fasse venir.
    [*Une personne de sa suite va appeler le Chevalier.*] *Entre*
    le Chevalier, une paire de cornes sur la tête
Eh bien, messire Chevalier ? Mais quoi, je te croyais céliba-
taire, mais je vois à présent que tu as une femme, qui ne se
contente pas de te donner des cornes mais aussi de te les
faire porter. Touche un peu ton crâne.

LE CHEVALIER [*à Faust*]

Espèce de vaurien, chien exécrable,
Engendré dans le creux d'un rocher monstrueux,

How dar'st thou thus abuse a gentleman?
Villain, I say, undo what thou hast done.

FAUSTUS

80 O, not so fast, sir. There's no haste but good.
Are you remembered how you crossed me in my conference
with the emperor? I think I have met with you for it.

EMPEROR

Good Master Doctor, at my entreaty release him. He hath
done penance sufficient.

FAUSTUS

85 My gracious lord, not so much for the injury he offered me
here in your presence as to delight you with some mirth hath
Faustus worthily requited this injurious knight; which being
all I desire, I am content to release him of his horns.—And,
sir knight, hereafter speak well of scholars. [Aside to Mephis-
90 topheles] Mephistopheles, transform him straight. [The horns
are removed] Now, my good lord, having done my duty, I
humbly take my leave.

EMPEROR

Farewell, Master doctor. Yet, ere you go,
Expect from me a bounteous reward.
    Exeunt Emperor, [Knight, and Attendants].

FAUSTUS

95 Now, Mephistopheles, the restless course
That time doth run with calm and silent foot,
Short'ning my days and thread of vital life,
Calls for the payment of my latest years.
Therefore, sweet Mephistopheles, let us make haste
100 To Wittenberg.

MEPHISTOPHELES

What, will you go on horseback or on foot

FAUSTUS

Nay, till I am past this fair and pleasant green,

Comment oses-tu ridiculiser ainsi un gentilhomme ?
Fichu coquin, défais ce que tu as fait là.

FAUST

Oh là, tout doux, monsieur. Il faut se hâter avec lenteur.
Vous souvient-il comment vous m'avez contrarié lors de
mon entretien avec l'empereur ? Je crois que nous sommes
quittes.

L'EMPEREUR

Mon bon Maître Docteur, laissez-moi vous prier de le relâ-
cher. Il a été suffisamment puni.

FAUST

Mon gracieux seigneur, c'est moins pour l'offense qu'il m'a
fait subir ici en votre présence que pour vous amuser avec
quelque divertissement que Faust a justement puni cet inju-
rieux chevalier ; comme c'est là tout ce que je désire, j'ai
plaisir à le délivrer de ses cornes. Alors, monsieur le chevalier, parlez bien des savant à l'avenir. [*En aparté avec
Méphistophélès*] Méphistophélès, transforme-le sur-le-
champ. [*Les cornes disparaissent.*] À présent, mon bon seigneur, que j'ai fait mon devoir, je prends humblement
congé.

L'EMPEREUR

Au revoir, Maître Docteur. Toutefois, avant de partir,
Recevez de ma part quelque munificence.
        Sortent l'Empereur, [*le Chevalier et la Suite*]

FAUST

Maintenant, Méphistophélès, la course impitoyable
Du temps, qui d'un pas calme et silencieux,
Abrège mes jours et le fil de ma vie,
Réclame en paiement mes dernières années.
Cher Méphistophélès, retournons donc en hâte
Vers Wittenberg.

MÉPHISTOPHÉLÈS

Mais quoi, voulez-vous y aller à cheval ou bien à pied ?

FAUST

Eh bien, jusqu'au bout de cette belle et agréable prairie,

I'll walk on foot.
  Enter a Horse-courser

HORSE-COURSER

I have been all this day seeking one Master Fustian. Mass,
100 see where he is.—God save you, Master Doctor.

FAUSTUS

What, Horse-courser! You are well met.

HORSE-COURSER [*offering money*]

Do you hear, sir? I have brought you forty dollars for your
horse.

FAUSTUS

I cannot sell him so. If thou lik'st him for fifty, take him.

HORSE-COURSER

105 Alas, sir, I have no more. [*To Mephistopheles*] I pray you,
speak for me.

MEPHISTOPHELES [*to Faustus*]

I pray you, let him have him. He is an honest fellow, and he
has a great charge, neither wife nor child.

FAUSTUS

Well, come, give me your money. [*He takes the money*] My
110 boy will deliver him to you. But I must tell you one thing
before you have him : ride him not into the water, at any hand.

HORSE-COURSER

Why, sir, will he not drink of all waters?

FAUSTUS

O, yes, he will drink of all waters. But ride him not into the
water. Ride him over hedge, or ditch, or where thou wilt,
115 but not into the water.

HORSE-COURSER

Well, sir. [*Aside*] Now am I made man for ever. I'll not leave
my horse for forty. If he had but the quality of hey, ding,

J'irai à pied.
Entre un maquignon

LE MAQUIGNON

Toute la journée, j'ai cherché un certain Maître Faux frère.
Diable, le voici. Dieu vous garde, Maître Docteur.

FAUST

Eh bien, bonjour, Monsieur le Maquignon.

LE MAQUIGNON [*lui proposant de l'argent*]

Vous m'entendez, Monsieur ? Je vous apporte quarante thalers pour votre cheval.

FAUST

Je ne peux pas le vendre à ce prix-là. Si tu veux aller jusqu'à
cinquante, alors il est à toi.

LE MAQUIGNON

Hélas, Monsieur, c'est là tout ce que j'ai. [*À Méphistophélès*]
Je vous en prie, parlez en ma faveur.

MÉPHISTOPHÉLÈS [*à Faust*]

Je vous en prie, cédez-le-lui. C'est un brave homme, et il a
beaucoup de frais, n'ayant ni femme ni enfant.

FAUST

Bon, ça va, donnez-moi votre argent [*Il prend l'argent*] Mon
valet vous le livrera. Mais je dois vous dire quelque chose
avant de vous le céder : sous aucun prétexte ne le faites aller
dans l'eau.

LE MAQUIGNON

Pourquoi donc, Monsieur ? Il ne peut pas boire n'importe
quelle eau ?

FAUST

Si, il boit n'importe laquelle. Mais, ne l'y fais pas entrer.
Fais-lui franchir les haies, les fossés, aller où tu voudras sauf
dans l'eau.

LE MAQUIGNON

Fort bien, Monsieur. [*À part*] Voilà ma fortune faite, à
présent. Je ne céderai pas mon cheval pour quarante thalers.

ding, hey, ding, ding, I'd make a brave living on him; he has
a buttock as slick as an eel. [*To Faustus*] Well, goodbye, sir.
120 Your boy will deliver him me? But, hark ye, sir : if my horse
be sick or ill at ease, if I bring his water to you, you'll tell me
what it is?

FAUSTUS

Away, you villain! What, dost think I am a horse-doctor?
        Exit horse-courser
What art thou, Faustus, but a man condemned to die?
125 Thy fatal time doth draw to final end.
Despair doth drive distrust unto my thoughts.
Confound these passions with a quiet sleep.
Tush! Christ did call the thief upon the cross;
Then rest thee, Faustus, quiet in conceit.
        [*Faustus*] *sleeps in his chair. Enter Horse-courser all*
        wet, crying

HORSE-COURSER

130 Alas, alas! "Doctor" Fustian, quotha! Mass, Doctor Lopus
was never such a doctor. H'as given me a purgation, h'as
purged me of forty dollars. I shall never see them more. But
yet, like an ass as I was, I would not be ruled by him, for he
bade me I should ride him into no water. Now I, thinking
135 my horse had had some rare quality that he would not have
had me known of, I, like a venturous youth, rid him into the
deep pond at the town's end. I was no sooner in the middle
of the pond but my horse vanished away and I sat upon a
bottle of hay, never so near drowning in my life. But I'll seek
140 out my doctor and have my forty dollars again, or I'll make
it the dearest horse! O, yonder is his snipper-snapper.—Do
you hear? You, hey-pass, where's your master?

MEPHISTOPHELES

Why, sir, what would you? You cannot speak with him.

Quand il ne saurait faire que « crac, boum, hue ! », « crac, boum, hue ! », il me rapporterait tout de même de quoi vivre ; il a la croupe luisante comme une anguille. [*À Faust*] Eh bien, au revoir, Monsieur. Votre valet me le livrera ? Encore un mot, Monsieur : si mon cheval est malade ou indisposé, si je vous fais porter son urine, me direz-vous ce dont il souffre ?

FAUST

Va-t’en, imbécile ! Quoi, me prendre, moi, pour un vétérinaire ?

> *Sort le maquignon*

Qu’es-tu donc, Faust, qu’un condamné à mort ?
Le temps qui t’est compté approche de sa fin.
Le désespoir jette l’inquiétude dans ton âme.
Oublie ces passions par un calme sommeil.
Eh quoi ! Le Christ a appelé le larron sur la croix ;
Alors Faust, repose-toi, aie l’esprit en paix.

> [*Faust*] *dort dans son fauteuil. Entre le maquignon trempé, en pleurs*

LE MAQUIGNON

Hélas ! Hélas ! Docteur Faux frère qu’il dit ! Bon sang, le Docteur Lopus n’a jamais été un docteur dans son genre[1]. I’ m’a donné une bonne purge, i’ m’a purgé de quarante thalers. Je ne les reverrai jamais. Pourtant, âne que j’ai été, je n’ai pas voulu l’écouter quand il m’a dit de ne pas le faire aller dans l’eau. Or, moi je pensais que mon cheval possédait quelque rare qualité qu’il ne voulait pas que je découvre, et moi, tel un jeune aventureux, je le fais passer dans la première mare que je trouve à la sortie de la ville. J’étais pas plutôt au milieu de la mare que mon cheval disparaît et que je me retrouve à chevaucher une botte de foin ! Je n’ai jamais été si près de me noyer ! Mais je vais le retrouver ce docteur et récupérer mes quarante thalers, ou bien il me le paiera cher ce cheval ! Ah, j’aperçois son chenapan de valet là-bas. Vous m’entendez, monsieur le prestidigitateur, où est donc votre maître ?

MÉPHISTOPHÉLÈS

Qu’y-a-t’il, Monsieur, que voulez-vous ? Impossible de lui parler.

---

1. Il s’agit du docteur Lopez, médecin de la reine Élisabeth, exécuté en 1594, après avoir été accusé d’avoir voulu l’empoisonner.

HORSE-COURSER

But I will speak with him.

MEPHISTOPHELES

145 Why, he's fast asleep. Come some other time.

HORSE-COURSER

I'll speak with him now, or I'll break his glass windows about
his ears.

MEPHISTOPHELES

I tell thee he has not slept this eight nights.

HORSE-COURSER

An he have not slept this eight weeks, I'll speak with him.

MEPHISTOPHELES

150 See where he is, fast asleep.

HORSE-COURSER

Ay, this is he.—God save ye, Master Doctor. Master Doctor, Master Doctor Fustian! Forty dollars, forty dollars for a
bottle of hay!

MEPHISTOPHELES

Why, thou seest he hears thee not.

HORSE-COURSER [holler[s] in his ear]

155 So-ho, ho! So-ho, ho! No, will you not wake? I'll make you
wake ere I go.
        [The Horse-courser] pull[s] him by the leg, and pull[s] it
        away
Alas, I am undone! What shall I do?

FAUSTUS

O my leg, my leg! Help, Mephistopheles! Call the officers!
My leg, my leg!

MEPHISTOPHELES [seizing the Horse-courser]

160 Come, villain, to the constable.

LE MAQUIGNON

Mais, je veux lui parler.

MÉPHISTOPHÉLÈS

Voyons, il dort profondément. Revenez plus tard.

LE MAQUIGNON

Je veux lui parler maintenant ou bien je m'en vais casser ses vitres sous son nez.

MÉPHISTOPHÉLÈS

Je te dis qu'il n'a pas dormi depuis huit jours.

LE MAQUIGNON

Je veux lui parler, quand bien même il n'aurait pas dormi depuis huit semaines.

MÉPHISTOPHÉLÈS

Regarde-le là, il dort profondément.

LE MAQUIGNON

Oui, c'est bien lui. Dieu vous garde, Maître Docteur. Maître Docteur, Maître Docteur Fauxfrère! Quarante thalers, quarante thalers, pour une botte de foin!

MÉPHISTOPHÉLÈS

Tu vois bien, il ne t'entend pas.

LE MAQUIGNON [*il lui hurle à l'oreille*]

Ohé, holà! Ohé, holà! Non, vous ne voulez pas vous réveiller? Je vais vous réveiller, moi, avant de partir.
    [*Le maquignon*] *lui tire la jambe, et elle lui reste dans les mains.*
Hélas, je suis fichu! Que faire?

FAUST

Aïe, ma jambe, ma jambe! À l'aide Méphistophélès, appelle la police! Ma jambe, ma jambe!

MÉPHISTOPHÉLÈS [*empoignant le maquignon*]

Allez, coquin, viens au poste.

HORSE-COURSER

O Lord, sir, let me go, and I'll give you forty dollars more.

MEPHISTOPHELES

Where be they?

HORSE-COURSER

I have none about me. Come to my hostry, and I'll give
them you.

MEPHISTOPHELES

165 Begone, quickly.
     Horse-courser runs away

FAUSTUS

What, is he gone? Farewell, he! Faustus has his leg again,
and the horse-courser, I take it, a bottle of hay for his
labour. Well, this trick shall cost him forty dollars more.
     Enter Wagner
How, now, Wagner, what's the news with thee?

WAGNER

170 Sir, the duke of Vanholt doth earnestly entreat your
company.

FAUSTUS

The duke of Vanholt! An honourable gentleman, to whom I
must be no niggard of my cunning. Come, Mephistopheles,
let's away to him.
     Exeunt

LE MAQUIGNON

De grâce, Monsieur, lâchez-moi, et je vous donnerai quarante thalers de plus.

MÉPHISTOPHÉLÈS

Où sont-ils?

LE MAQUIGNON

Je ne les ai pas sur moi. Viens à mon auberge, et je te les donnerai.

MÉPHISTOPHÉLÈS

File, fais vite.
Le maquignon part en courant

FAUST

Tiens, il est parti? Bon débarras! Faust a retrouvé sa jambe et le maquignon, je présume, a une botte de foin pour sa peine. Eh bien, ce tour lui coûtera quarante thalers de plus.
Entre Wagner
Eh bien, Wagner, quelles nouvelles?

WAGNER

Monsieur, le duc d'Anhalt requiert instamment votre compagnie.

FAUST

Le duc d'Anhalt! Un honorable gentilhomme, envers qui je ne dois pas me montrer avare de mes talents. Allons, Méphistophélès, rendons-nous chez lui.
Ils sortent

BIBLIOGRAPHIE

I. Éditions

BEVINGTON, David et Eric Rasmussen eds., *Doctor Faustus*, Manchester, The Revels Plays, 1993.

DANCHIN, F. C., introduction et traduction, *La Tragique Histoire du docteur Faust*, Paris, Les Belles Lettres, 1935, rééd. 1989.

GILL, Roma, *Doctor Faustus*, Londres, New Mermaids, 1989, rééd. 1990.

JONES, John Henry, *The English Faust Book*, Cambridge, Cambridge University Press, 1994.

JUMP, John D., ed., *Doctor Faustus*, Londres, The Revels Plays, Methuen, 1962, rééd. 1973.

KEEFER, Michael, *Christopher Marlowe's Doctor Faustus. A 1604 Version Edition*, Peterborough (Canada), Broadview Press, 1991.

LEFEBVRE, Joël, *L'Histoire du Docteur Faust (1587)*, Lyon, 1970.

STEANE, J. B. ed., *Christopher Marlowe : The Complete Plays*, Harmondsworth, Penguin, 1969.

II. Études critiques

BARBER, C. L., *Creating Elizabethan Tragedy : The Theater of Marlowe and Kyd*, ed. Richard P. Wheeler, Chicago, Chicago University Press, 1988.

BARTELS, Emily C., *Spectacles of Strangeness. Imperialism, Alienation and Marlowe*, Philadelphie, University of Pennsylvania Press, 1993.

BEVINGTON, David, *From Mankind to Marlowe*, Cambridge (Massachusetts), Harvard University Press, 1962.

DOLLIMORE, Jonathan, *Radical Tragedy. Religion, Ideology and Power in the Drama of Shakespeare and His Contemporaries*, Hemel Hempstead, Harvester Wheatsheaf, 1984.

ERIKSEN, Roy, « Masque Elements in *Doctor Faustus* and *The Tempest* : Form and Function in the Literary Masque », *in* François Laroque éd., *The Show Within : Dramatic and Other Insets. English Renaissance Drama (1550-1642)*, 2 vol., Montpellier, Collection *Astræa* n° 4, 1992, I, p. 291-296.

ERIKSEN, Roy, *The Forme of Faustus Fortunes' : A Study of The Tragedie of Doctor Faustus (1616)*, Oslo, Solum Forlag, 1987.

FRIEDENREICH Kenneth, Roma Gill and C.B. Kuriyama eds., *A Poet & a filthy Play-maker : New Essays on Christopher Marlowe*, New York, AMS Press, 1988.

GATTI, *The Renaissance Drama of Knowledge : Giordano Bruno in England*, Londres et New York, Routledge, 1989.

HATTAWAY, Michael, *Elizabethan Popular Theatre. Plays in Performance*, Londres, Routledge & Kegan Paul, 1982.

JONES-DAVIES, Marie-Thérèse, *Inigo Jones, Ben Jonson et le Masque*, Paris, Didier, 1967.

JONES-DAVIES, Marie-Thérèse, *Théâtre et idéologies : Marlowe, Shakespeare* (Actes du congrès de la Société française Shakespeare, 1981), Paris, Jean Touzot, 1982.

KELSALL, Malcom, *Christopher Marlowe*, Leyde, E. J. Brill, 1981.

KERNAN, Alvin, ed., *Two Renaissance Mythmakers : Christopher Marlowe and Ben Jonson*, Baltimore, Johns Hopkins University Press, 1977.

LAROQUE, François, *Shakespeare et la fête*, Paris, Presses Universitaires de France, 1988.

LEECH, Clifford, *Christopher Marlowe : Poet for the Stage*, éd. Anne Lancashire, New York, AMS Press, 1986.

LEVIN, Harry *The Overreacher. A Study of Christopher Marlowe*, Londres, Faber & Faber, 1952.

McALINDON, Thomas, *English Renaissance Tragedy*, Londres, Macmillan, 1986.

McALINDON, Thomas, « Classical Mythology and Christian Tradition in Marlowe's *Doctor Faustus* », *PMLA* (juin 1966), vol. LXXXI, n° 3.

McNEELY, Trevor, « The Integrated Design of *Doctor Faustus* », *Cahiers élisabéthains* n° 41 (avril 1992), p. 1-29.

MARCUS, Leah, « Textual Indeterminacy and Ideological Difference : The Case of *Doctor Faustus* », *Renaissance Drama*, New Series XX, Evanston, Northwestern University Press, 1989, p. 1-29.

MEBANE, John S., *Renaissance Magic and the Return of the*

Golden Age. The Occult Tradition and Marlowe, Jonson, Shakespeare, University of Nebraska Press, 1989.

PEYRÉ, Yves, *Les Voix du mythe dans la tragédie élisabéthaine*, Paris, Éditions du CNRS, 1996.

ROWSE, A. L., *Christopher Marlowe. A Biography*, Londres, Macmillan, 1964, rééd. 1981.

SANDERS, Wilbur, *The Dramatist and the Received Idea : Studies in the Plays of Marlowe and Shakespeare*, Columbia, University of Missouri Press, 1984.

STEANE, J. B., *Marlowe : A Critical Study*, Cambridge, Cambridge University Press, 1970.

TRAISTER, Barbara, *Heavenly Necromancers. The Magician in the Renaissance Drama*, Columbia, University of Missouri Press, 1984.

VENET, Gisèle, *Temps et vision tragique. Shakespeare et ses contemporains*, Paris, Service des Publications de la Sorbonne Nouvelle, 1985.

CHRONOLOGIE DE L'ŒUVRE

1586 : Marlowe, encore étudiant à Cambridge, traduit les *Élégies* et les *Amours* d'Ovide.

1587 : Première partie de *Tamerlan*, qui retrace les conquêtes foudroyantes du berger scythe Tamerlan qui se tailla en Orient un empire plus grand que celui d'Alexandre.

1587-1588 : Deuxième partie de *Tamerlan*, qui montre les revers de fortune du conquérant, la mort de son épouse bien-aimée, Zénocrate, et la déception que lui inspirent ses enfants.

1588-1589 ? : *Didon reine de Carthage*, tirée de l'*Énéide* de Virgile mais dont des pans entiers sont une traduction directe du latin. C'est une adaptation de la poésie au théâtre mais beaucoup moins inspirée que le diptyque qui précède.

1589-1590 ? : *Le Juif de Malte.* Le marchand juif Barabbas voit ses richesses confisquées par le gouverneur de Malte pour payer le tribut dû aux Turcs. Il décide de se venger et de livrer la cité aux vainqueurs tout en présentant aux chefs musulmans un piège dans lequel il va lui-même tomber, à savoir l'immense chaudron d'huile bouillante, où il comptait bien les précipiter. Barabbas est dépeint comme un émule de Machiavel et il va jusqu'à causer la mort de sa fille Abigail dans la poursuite aveugle et implacable de sa vengeance. Les passages d'un lyrisme somptueux se mêlent à l'humour grotesque, au cynisme et au mélodrame.

1590-1591 ? : *Édouard II.* Il s'agit d'une pièce historique inspirée des *Chroniques d'Angleterre* de l'historien Raphaël Holinshed. Édouard, comme le Richard II de Shakespeare, est un roi faible qui affiche sa passion pour son favori Gaveston, auquel succédera le jeune Spenser lorsque la coalition des barons révoltés qui ne supportent pas l'insolence de ce parvenu, aura obtenu la tête de celui-là. Le tyran

capricieux du début se change en martyr pathétique lorsque, après avoir été emprisonné dans une cellule où il patauge jusqu'aux genoux, il est assassiné de la plus atroce manière (il est empalé sur un tison passé au fer rouge qui lui brûle les entrailles).

1591-1592? : *Le Massacre de Paris.* Cette œuvre, qui traite d'une actualité quasi contemporaine puisqu'elle se situe à Paris au moment du massacre de la Saint-Barthélemy (24 août 1572), ne représente guère qu'un canevas de mille trois cents vers. Bâtie à partir d'une succession de scènes assez brèves qui comptent chacune un ou plusieurs assassinats, elle comporte un seul personnage de quelque épaisseur, le duc de Guise, porteur de l'énergie des héros marloviens. L'un des buts de ce drame était d'exploiter la veine d'anticatholicisme populaire qui suivit la victoire de la flotte anglaise sur l'Armada espagnole de novembre 1588, et de flétrir aux yeux des anglicans, amis des protestants français, la perfidie et la cruauté des catholiques.

1592-1593? : *Le Docteur Faust.* La pièce est une adaptation d'un ouvrage en prose paru cinq ans plus tôt en Allemagne et qui assemble en une structure épisodique les faits et gestes d'un certain Georg Faustus, ancien étudiant de Heidelberg devenu magicien itinérant. Le récit est aussi une adaptation de vieilles légendes germaniques. Si de nombreuses représentations du *Docteur Faust* ont lieu après la mort de Marlowe au théâtre de la Rose, la première édition de la pièce en in-quarto date de 1604. Elle est connue sous le nom de texte A. D'autres éditions suivront en 1609 et 1611 jusqu'à celle de 1616, dite texte B, qui introduit des modifications considérables par rapport au premier, puisqu'elle contient six cent soixante-seize lignes de plus que la première édition.

1593 : Épidémie de peste et fermeture des théâtres. Marlowe s'attelle à l'écriture d'un poème resté inachevé à sa mort, *Héro et Léandre.* Le poème, terminé par son ami poète et dramaturge George Chapman, sera publié en 1598.

CHRONOLOGIE DE L'AUTEUR

26 février 1564 : Né à Cantorbéry (Kent) dans une famille d'artisans cordonniers, le jeune Christopher Marlowe est inscrit sur le registre des baptêmes qui tenait lieu d'état civil à l'époque. Son père, John Marlowe, assure les fonctions d'employé de la paroisse de l'église Saint Mary Bredman de 1588 à 1605, année de sa mort.

1573-1580 : Élève à la King's School de Cantorbéry. Le nom de Christopher Marlowe est inscrit sur les registres correspondant aux trois derniers trimestres de l'année scolaire 1579-1580.

1581-1587 : Étudiant au collège de *Corpus Christi* à Cambridge. Marlowe est immatriculé le 17 mars 1581 à l'Université de Cambridge où, grâce à une bourse de l'archevêque Parker, il passera six années de sa vie. Au fur et à mesure de l'avancement de ses études qui le destinaient à la carrière ecclésiastique, Marlowe devient de moins en moins assidu aux cours. Ainsi, pour l'année universitaire 1584-85, il n'est présent à Cambridge que dix-neuf semaines sur cinquante-deux. Étant donné la situation modeste de sa famille, il a dû être amené à chercher des ressources financières ailleurs. On pense que c'est alors qu'il accepta de servir la couronne en se livrant à des missions d'espionnage auprès des milieux catholiques en France et peut-être en Flandre.

1584 : Il obtient à Pâques le titre de licencié.

1587 : Marlowe obtient son *Master of Arts* sur intervention directe du Conseil privé de la Reine pour « s'être comporté avec convenance et discrétion [...] et rendu de bons services à sa Majesté [...] La requête de Leurs Seigneuries est qu'on le confirme dans le grade qu'il devait recevoir... »

1587-1593 : En dehors de la rédaction de ses huit pièces de théâtre connues, on ignore à peu près tout de ce qu'a pu

être l'activité de Marlowe à cette époque. A-t-il été acteur
dans la troupe des Gens de l'Amiral au théâtre de la Rose ?
Une ballade de cette époque suggère qu'il aurait abandonné
ce métier après s'être cassé la jambe au cours d'une représentation licencieuse. A-t-il poursuivi ses activités clandes-
tines au service du Secrétaire aux Affaires intérieures d'Élisabeth, Sir Francis Walsingham, comme on le suspecte ?
Faute de revenus sur lesquels il pouvait compter, il est probable que certaines missions secrètes ont pu lui être
confiées, lui permettant ainsi de garnir sa bourse.

1593 : À la suite d'une perquisition chez l'auteur de *La
Tragédie espagnole*, le dramaturge Thomas Kyd, chez qui
Marlowe avait habité et travaillé quelque temps, on
découvre des passages d'un traité séditieux attaquant la
sainte Trinité et datant de 1549. Soumis à la question, Kyd
dénonce son ami et l'accuse d'athéisme et de blasphème.
Marlowe aurait avec Kyd, le mathématicien et astronome
Thomas Harriot, le mathématicien William Warner, le
poète Matthew Roydon et des libraires du quartier de Saint
Paul, appartenu à un cercle de libres-penseurs parfois désigné sous le nom d'« École de la nuit ».

Le 20 mai, Marlowe est appréhendé à Chislehurst près de
Scadbury dans le Kent, dans la résidence de Thomas Walsingham, le frère de Francis récemment décédé, pour être
interrogé devant le Conseil Privé du royaume. Il est relâché
après avoir répondu aux questions des juges.

Dix jours plus tard, le 30 mai, Marlowe se rend en compagnie de trois hommes douteux, les dénommés Robert
Poley, Nicholas Skeres et Ingram Frizer, à Deptford, dans
l'auberge de la veuve Éléonore Bull située sur la Tamise aux
environs de Londres. Après avoir pris le repas de midi et
s'être promenés dans le jardin, une querelle assez violente
éclata entre Marlowe et Frizer après dîner, au moment de
régler l'addition. Marlowe aurait été l'assaillant, attaquant
Frizer par-derrière en tentant de lui arracher son arme.
C'est pour se défendre que ce dernier lui aurait logé sa
dague au-dessus de l'œil droit, tuant ainsi sur le coup, à l'âge
de vingt-neuf ans, le poète et le dramaturge le plus doué de
sa génération. Il s'agit évidemment de la version officielle
établie à partir des témoignages des présents et il est possible
que Marlowe, libéré dix jours plus tôt par le Conseil Privé,
ait été liquidé en secret... La trajectoire météorique de sa
carrière trouvait ainsi une fin aussi brutale que sordide et
mystérieuse. Plus de quatre cents ans après sa mort, on n'a
pas fini de parler de l'auteur du *Docteur Faust*.

TABLE

DERNIÈRES PARUTIONS

GF-CORPUS

GF-DOSSIER

GF Flammarion

99/11/75528-XI-1999 − Impr. MAURY Eurolivres, 45300 Manchecourt.
N° d'édition FG087502. − Juin 1997. − Printed in France.